1일 1독해

세상을 바꾼 인물 100

③ 의료·봉사

"하루 15분" 똑똑한 공부 습관

1일 1독해

초판 2쇄	2023년 7월 5일
초판 1쇄	2022년 8월 22일
펴낸곳	메가스터디(주)
펴낸이	손은진
개발 책임	김문주
개발	양수진, 최성아
글	주은
그림	바이올렛(김정아)
디자인	이정숙, 주희연, 이솔이
제작	이성재, 장병미
사진 제공	문화재청, 픽스타, 국립중앙박물관, 위키미디어, UNICEF Ukraine, 국립한글박물관, (재)간송미술문화재단
주소	서울시 서초구 효령로 304(서초동) 국제전자센터 24층
대표전화	1661.5431
홈페이지	http://www.megastudybooks.com
출판사 신고 번호	제 2015-000159호
출간제안/원고투고	writer@megastudy.net

일러두기
· 맞춤법과 띄어쓰기는 국립국어원에서 펴낸 《표준국어대사전》을 기준으로 삼되, 초등학교 교과서의 표기를 참고했습니다.
· 외국의 인명과 지명은 국립국어원에서 펴낸 《외래어 표기법》을 따랐습니다.
· 본 저작물은 공공누리 제1유형에 따라 공공 저작물을 이용하였습니다.

메가스터디BOOKS
'메가스터디북스'는 메가스터디㈜의 출판 전문 브랜드입니다.
유아/초등 학습서, 중고등 수능/내신 참고서는 물론, 지식, 교양, 인문 분야에서 다양한 도서를 출간하고 있습니다.

매일매일 공부 습관을 길러 주는 공부 친구

내 이름은 체키
Checky

· 나이 ·

11세

· 태어난 곳 ·

태양계 시간성

· 특징 ·

몸집에 비해, 손과 발이 극도로 작다.
매력포인트는 왕 큰 양쪽 귀와 45도로 뻗은 진한 콧수염.

· 성격 ·

허술해 보이는 외모와 다르게 치밀하고, 자신감이 넘친다.

· 지구별에 오게 된 사연 ·

태양계 시간성에서 Wake-up을 담당하는 자명종으로 태어나 지구별로 오게 됐으나,
신기한 지구 생활 매력에 푹 빠져, 하루 종일 신나는 모험 중이다.

· 새로운 재능 ·

'초집중 탐구력'을 발견하고 마음껏 뽐내고 있다.

왕크왕귀

하루 15분!

· 특기 ·

롤롤이 타고 탐험하기

체키 전용 롤러보드
↳ 롤롤이

· 꿈 ·

메가스터디북스 모든 책의 주인공 되기

1일 1독해

우리 아이 10년 뒤를 바꾸는 독해력!

독해력은 모든 학습의 기초 체력입니다. 초등 시기에 제대로 읽고 이해하는 독해력을 탄탄하게 다져 놓으면, 중학생, 고등학생이 되어 아무리 어려운 지문과 문제를 접하더라도 그 내용을 잘 이해할 수 있고 차근차근 문제를 풀 수 있습니다. 독해력이 뛰어난 아이일수록 여러 교과의 내용을 쉽게 이해할 수 있고, 자신의 생각을 풍부하고 명확하게 표현할 수 있습니다.

왜? 1일 1독해일까?

〈1일 1독해〉 시리즈는 주제에 맞는 이야기가 짧은 지문으로 제시되어 부담 없이 매일 한 장씩 풀기 좋습니다. 독해는 어릴 때 습관을 잡아 주는 것이 가장 중요합니다. 메가스터디북스의 〈1일 1독해〉 시리즈로 몸의 근육을 키우듯 **아이의 학습 근육을 키워 주세요.**

1일 1독해, 100만 명이 선택한 이유가 있습니다!

① 아이가 재미있어서 스스로 보는 책

왜 아이들은 1일 1독해를 "재미있다"고 할까요?
눈높이에 맞는 흥미로운 주제의 지문들을 읽는 즐거움이 있기 때문입니다.
지문을 읽고 바로바로 문제를 풀어 확인하는 단순한 학습 패턴에서 아이는 공부의 재미를 느끼게 됩니다.

② 매일 완독하니까 성공의 경험이 쌓이는 책

하루 15분! 지문 1쪽, 문제 1쪽의 부담 없는 학습량으로 아이는 매일매일 성공적인 학습을 경험합니다.
매일 느끼는 성취감은 꾸준한 학습 습관으로 이어지고, 완독의 경험이 쌓여 아이의 공부 기초 체력이 됩니다.

③ 독해 학습과 배경지식 확장이 가능한 책

한국사, 세계사, 사회 등 교과 연계 주제 지문으로 교과 학습 대비가 가능하고,
세계 명작, 고전, 인물까지 인문 교양과 관련된 폭넓은 주제의 지문으로 배경지식을 확장시킬 수 있습니다.
또한 다양한 유형의 문제로 독해력을 키우는 데 효과적입니다.

메가스터디북스 1일 1독해 시리즈

〈1일 1독해〉 시리즈는 독해를 이제 막 시작하는 예비 초등을 위한 **이야기 시리즈**, 초등학교 전학년이 볼 수 있는 교과 연계 중심의 **교과학습 시리즈**, 배경지식을 확장해 주는 **인문교양 시리즈**로 구성됩니다.

예비 초등

이야기

과학 이야기 ❶~❻
세계 나라 ❶, ❷
세계 명작
마음 이야기

전 10권

호기심을 키우는 다양한 주제의 이야기로, 아이가 관심 있는 주제부터 시작하여 차근차근 독해력을 길러 줍니다.

초등 교과학습

한국사

❶ 선사 ~ 통일 신라, 발해편
❷ 후삼국 ~ 고려 시대편
❸ 조선 시대편 (상)
❹ 조선 시대편 (하)
❺ 대한 제국 ~ 현대편

전 5권

우리 역사의 주요 사건과 인물을 시대별로 구성하여, 한국사의 흐름을 이해하고 교과 학습에 대비할 수 있습니다.

세계사

❶ 고대편
❷ 중세편
❸ 근대편 (상)
❹ 근대편 (하)
❺ 현대편

전 5권

세계사의 주요 장면들을 독해로 학습하며 우리 아이가 반드시 알아야 할 세계사 지식을 시대별 흐름에 맞춰 익힐 수 있습니다.

초등 사회

❶~❺

전 5권

사회 문화, 지리, 전통문화, 정치, 경제 등의 사회 교과 독해를 통해 교과 학습에 대비할 수 있습니다.

초등 인문교양

세계 고전 50 | 우리 고전 50

세계 고전 50 ❶~❷
우리 고전 50
❶ 삼국유사 설화
❷ 교과서 고전문학

전 4권

초등학생이 꼭 읽어 두어야 할 세계 고전 50편과 우리 고전 50편을 하이라이트로 미리 접하며 교양을 쌓을 수 있습니다.

세상을 바꾼 인물 100

❶ 문화·예술
❷ 과학·기술
❸ 의료·봉사
❹ 경제·정치

전 4권

교과서에 수록된 인물을 중심으로 초등학생이 꼭 알아야 할 위대한 인물 100명의 이야기를 통해 바른 인성을 기를 수 있습니다.

지문 1쪽, 문제 1쪽으로 매일매일 독해력 강화!

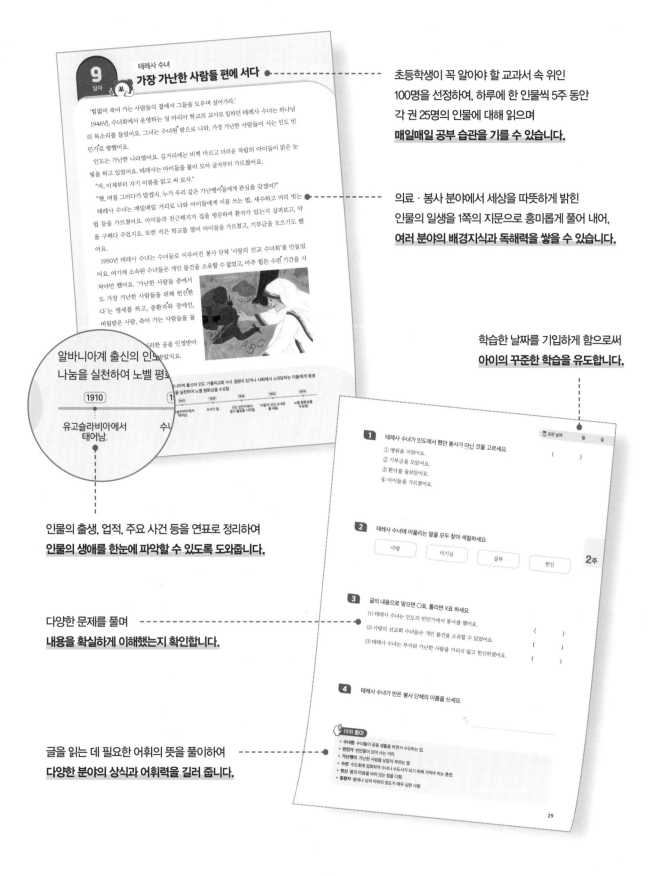

테레사 수녀
가장 가난한 사람들 편에 서다

9
일차

'힘없이 죽어 가는 사람들의 곁에서 그들을 도우며 살아가라.'
1946년, 수녀회에서 운영하는 성 마리아 학교의 교사로 일하던 테레사 수녀는 하느님의 목소리를 들었어요. 그녀는 수녀원 밖으로 나와, 가장 가난한 사람들이 사는 인도 빈민가로 향했어요.

인도는 가난한 나라였어요. 길거리에는 비쩍 마르고 더러운 차림의 아이들이 맑은 눈빛을 하고 있었어요. 테레사는 아이들을 불러 모아 글자부터 가르쳤어요.

"자, 이제부터 자기 이름을 읽고 써 보자."

"쳇, 며칠 그러다가 말겠지. 누가 우리 같은 가난뱅이들에게 관심을 갖겠어?"

테레사 수녀는 매일매일 거리로 나와 아이들에게 이름 쓰는 법, 세수하고 머리 빗는 법 등을 가르쳤어요. 아이들과 친근해지자 집을 방문하여 환자가 있는지 살펴보고, 약을 구해다 주었지요. 또한 작은 학교를 열어 아이들을 가르쳤고, 기부금을 모으기도 했어요.

1950년 테레사 수녀는 수녀들로 이루어진 봉사 단체 '사랑의 선교 수녀회'를 만들었어요. 여기에 소속된 수녀들은 개인 물건을 소유할 수 없었고, 아주 힘든 수련 기간을 거쳐야만 했어요. '가난한 사람들 중에서도 가장 가난한 사람들을 위해 헌신한다'는 맹세를 하고, 중환자와 장애인, 버림받은 사람, 죽어 가는 사람들을 돌...이러한 공을 인정받아...았지요.

알바니아계 출신의 인...
나눔을 실천하여 노벨 평화...

1910	1...
유고슬라비아에서 태어남.	수...

> 초등학생이 꼭 알아야 할 교과서 속 위인
> 100명을 선정하여, 하루에 한 인물씩 5주 동안
> 각 권 25명의 인물에 대해 읽으며
> **매일매일 공부 습관을 기를 수 있습니다.**

> 의료 · 봉사 분야에서 세상을 따뜻하게 밝힌
> 인물의 일생을 1쪽의 지문으로 흥미롭게 풀어 내어,
> **여러 분야의 배경지식과 독해력을 쌓을 수 있습니다.**

> 학습한 날짜를 기입하게 함으로써
> **아이의 꾸준한 학습을 유도합니다.**

> 인물의 출생, 업적, 주요 사건 등을 연표로 정리하여
> **인물의 생애를 한눈에 파악할 수 있도록 도와줍니다.**

1 테레사 수녀가 인도에서 했던 봉사가 **아닌** 것을 고르세요.　(　)
　① 병원을 지었어요.
　② 기부금을 모았어요.
　③ 환자를 돌보았어요.
　④ 아이들을 가르쳤어요.

2 테레사 수녀에 어울리는 말을 모두 찾아 색칠하세요.
　사랑　　이기심　　질투　　헌신

2주

3 글의 내용으로 맞으면 ○표, 틀리면 X표 하세요.
(1) 테레사 수녀는 인도의 빈민가에서 봉사를 했어요.
(2) 사랑의 선교회 수녀들은 개인 물건을 소유할 수 있었어요.　(　)
(3) 테레사 수녀는 부자와 가난한 사람을 가리지 않고 헌신하였어요.　(　)

> 다양한 문제를 풀며
> **내용을 확실하게 이해했는지 확인합니다.**

4 테레사 수녀가 만든 봉사 단체의 이름을 쓰세요.

어휘 풀이
• 수녀원 수녀들이 공동 생활을 하면서 수도하는 집.
• 빈민가 빈민들이 모여 사는 거리.
• 가난뱅이 가난한 사람을 낮잡아 부르는 말.
• 수련 수도회에 입회하여 수녀나 수도사가 되기 위해 거쳐야 하는 훈련.
• 헌신 몸과 마음을 바치는 있는 힘을 다함.
• 중환자 병세나 상처 따위의 정도가 매우 심한 사람.

> 글을 읽는 데 필요한 어휘의 뜻을 풀이하여
> **다양한 분야의 상식과 어휘력을 길러 줍니다.**

주차별 복습 문제로 독해력 완성!

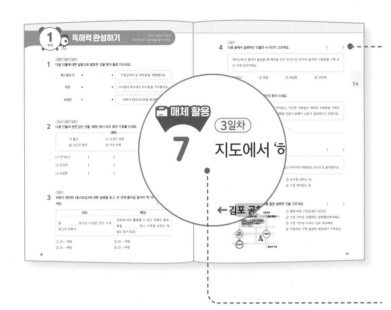

독해력 완성하기

한 주 동안 학습한 내용을 한 단계
수준 높은 문제로 복습합니다.
여러 지문의 내용을 통합한 융합 독해,
내용 추론하기, 주제 찾기, 글의 짜임 이해하기 등
다양한 유형의 문제로 독해력을 완성시킬 수 있습니다.

지도, 일기, 포스터, 책의 표지 등
주변에서 접하는 여러 매체 자료를
활용한 '매체 활용' 문제로
자료를 이해하고 활용하는 힘을 기를 수 있습니다.

인물 갤러리로 배경지식까지 풍성하게!

인물 갤러리 ➕

한 주 동안 읽은 인물과 관련된 일화나 장소,
시대적 배경 등 본문에서 자세히 다루지 못한
이야기와 역사 자료를 소개하여
**인물에 대한 흥미와 이해를 높이고
배경지식을 확장합니다.**

 차례

석가모니

깨달음을 얻어 불교를 세우다

석가모니는 인도의 작은 왕국에서 왕자로 태어났어요. 어릴 때 이름은 '모든 것을 다 이루는 사람'이라는 뜻의 싯다르타였어요. 싯다르타는 왜 힘센 동물이 힘없는 동물을 잡아먹고, 왜 어떤 사람은 잘 살고 어떤 사람은 못 사는지 궁금했어요.

싯다르타는 열세 살 때 농사를 축복하는 제사를 지내러 궁궐 밖으로 처음 나가게 되었어요. 궁궐에서 풍족하게만 지내다 밖에서 늙은 사람, 병든 사람, 죽은 사람을 처음 보고 큰 충격을 받았어요. '사람은 왜 평생 고통을 받으며 살아가야 할까? 어떻게 하면 그들을 고통으로부터 벗어나게 해 줄 수 있을까?'

생로병사의 고통에 대해 고민하던 싯다르타는 어느 날, 누더기를 걸쳤지만 온 얼굴에 평온한 미소를 띤 수행자를 보았어요. '나도 수행을 하면 깨달음을 얻을 수 있을까?' 하는 생각으로 왕자의 지위도 버리고 궁궐을 나왔어요. 6년간 음식도 거의 안 먹고 고통스러운 수행을 하였지만 깨달음을 얻지 못한 싯다르타는 보리수나무 아래에서 길고 깊은 명상에 빠졌어요. 오랜 명상 끝에 삶의 이치를 깨닫고 부처가 되었지요.

석가모니는 이때부터 사람들을 모아 놓고 자신이 깨달은 이치를 가르치기 시작했어요. 그리고 그의 설법을 듣고 깨달음과 가르침을 따르는 불교가 생겨났지요.

"이 세상에 변하지 않는 것은 없단다. 자기 자신을 열심히 갈고 닦으면 누구나 부처가 될 수 있단다."

제자들에게 늘 수행에 힘쓸 것을 당부하며 80살의 석가모니는 세상을 떠났어요.

성인

석가모니
인도(기원전 563~483년경)

고대 인도 북부에서 태어나 불교를 창시한 성인. 왕족으로 태어났으나 인간이 고통에서 벗어나는 길을 찾고자 수행하여 삶의 진리를 깨달아 성인이 됨.

B.C 563	B.C 550	B.C 534	B.C 528	B.C 483
인도 북부 카필라 왕국에서 태어남.	궁궐 밖에 나가 생로병사를 목격함.	궁궐을 떠나 수행을 시작함.	보리수나무 아래서 깨달음.	쿠시나가라에서 세상을 떠남.

1 석가모니가 다음과 같은 고민을 하게 된 이유를 고르세요.   (   )

> '사람은 왜 평생 고통을 받으며 살아가야 할까? 어떻게 하면 그들을 고통으로부터 벗어나게 해 줄 수 있을까?'

① 인도의 왕자로 자랐기 때문에

② 왕자의 지위를 버리고 궁궐을 나왔기 때문에

③ 궁궐 밖으로 나가 늙고 병든 사람들을 처음 보고 충격을 받아서

④ 누더기를 걸치고도 평온한 미소를 띤 수행자를 보고 깨달음을 얻어서

2 석가모니를 가리키는 말을 모두 찾아 색칠하세요.

> 왕자   싯다르타   늙은 사람   부처

3 석가모니의 깨달음과 가르침을 따르며 생겨난 종교의 이름을 쓰세요.

🖉 _____

4 석가모니의 가르침을 읽고, 빈칸에 알맞은 말을 쓰세요.

> "이 세상에 변하지 않는 것은 없단다. 자기 자신을 열심히 갈고 닦으면 누구나 ☐☐
>
> 가 될 수 있단다."

💡 **어휘 풀이**

- **생로병사** 사람이 태어나고 늙고 병들고 죽는 고통.
- **수행자** 부처의 가르침을 실천하고 불도를 닦는 사람.
- **수행** 부처의 가르침을 실천하는 데 힘씀.
- **부처** 석가모니의 다른 이름. 깨달음을 얻은 성인.
- **설법** 불교의 뜻을 풀어 밝힘.

요한 하인리히 페스탈로치
어린이를 인격체로 대하다

페스탈로치의 아버지는 가난한 사람에게는 돈을 안 받고 치료해 주는 의사였어요. 목사였던 할아버지도 마을 사람들에게 먼저 따뜻한 인사를 건네며 힘든 일이 없는지 물어보고, 아픈 아이가 있으면 치료받을 수 있도록 도왔어요. 어머니 역시 고아원에 음식과 옷을 챙겨 보내곤 했어요. 이런 모습을 보면서 자란 페스탈로치는 가난한 사람들을 돕고 싶었어요.

당시 교육은 부자와 귀족만을 위한 것이었고, 가난한 사람들은 제대로 교육받을 기회조차 없었어요. 페스탈로치는 더 나은 사회를 만들기 위해서 교육이 중요하다고 믿었어요. 그러던 중 자신과 비슷한 생각을 가진 안나와 결혼해 가난한 아이들을 위한 농장 겸 학교를 만들었어요. 페스탈로치는 고아원과 학교에서 아이들을 가르치며 자신만의 교육을 실천해 나갔어요.

"좋은 교육 방법도 중요하지만, 그보다 아이들을 존중하고 사랑으로 대하는 마음가짐이 더 중요하다."

페스탈로치는 어린이란 단순히 '작은 어른'이 아니며, '자기만의 세계가 있는 인격체'라고 생각했어요. 그래서 수업 시간에 어른들이 만든 교과서를 사용하기보다 아이들이 관찰한 것에 대해 함께 이야기를 나누고, 궁금한 것들은 무엇이든 자유롭게 물어보게 했어요.

'모든 일을 남을 위해 했을 뿐, 그 자신을 위해서는 아무것도 하지 않았다.'

평생을 교육에 헌신한 페스탈로치의 묘비에 새겨진 글귀예요.

교육자

요한 하인리히 페스탈로치
스위스(1746~1827년)

스위스의 교육자이며 사상가. 교육을 통해 사회 불평등을 해소할 수 있다는 생각으로 가난한 사람들을 위한 학교를 세워 일생을 교육에 바쳤음.

1746	1769	1787	1798	1805
스위스에서 태어남.	농민 학교 '노이호프'를 세움.	〈린하르트와 게르트루트〉를 발표함.	슈탄스 고아 학교를 세움.	이베르돈에 학교를 세움.

1 페스탈로치에 대한 설명으로 **틀린** 것을 고르세요.   (   )

① 페스탈로치는 아이들을 존중하고 사랑으로 대했어요.

② 페스탈로치는 가난한 아이들을 위한 학교를 만들었어요.

③ 페스탈로치는 교과서로 수업하는 것을 중요하게 생각했어요.

④ 페스탈로치는 평생을 교육에 헌신했어요.

1주

2 페스탈로치가 더 나은 사회를 만들기 위해 필요하다고 생각한 것을 고르세요. (   )

① 학교   ② 병원   ③ 고아원   ④ 체육관

3 교육에 대한 페스탈로치의 생각을 읽고, 빈칸에 알맞은 말을 쓰세요.

> 페스탈로치는 어린이는 단순히 '작은 [　][　]'이 아니며, '자기만의 세계가 있는 [　][　][　]'라고 생각했어요.

4 밑줄 친 말과 거리가 **먼** 것을 고르세요.   (   )

> 평생을 교육에 헌신한 페스탈로치의 <u>묘비</u>에 새겨진 글귀예요.

① 무덤   ② 죽음   ③ 결혼   ④ 유언

어휘 풀이

- **인격체** 사람으로서의 품격을 갖춘 한 명 한 명의 사람.
- **고아원** 부모가 없는 아이들을 맡아서 돌보는 기관.
- **존중** 아주 귀하게 여기는 것.
- **묘비** 무덤 앞에 세우는 비석.

모든 의학 지식을 정리하다

조선 시대 최고의 의학서 《동의보감》을 편찬한 허준은 서자로 태어나 오랜 기간 방황하며 전국을 떠돌았어요. 그러다 스승 유의태를 만나 의술을 배우게 되었어요.

"사람을 구하는 일만큼 귀한 일은 없다. 의술은 손재주나 지식이 아닌 마음으로 행하는 것이다. 환자의 아픔을 함께 느끼는 것이 중요하다."

허준은 양반 유희춘의 종기를 치료해 준 일로 신임을 얻어 궁궐에서 일하게 되었어요. 서른 살쯤에는 의원으로서 실력도 인정받아 임금과 왕족의 진료를 담당하는 어의가 되었어요.

어느 날 왕세자가 원인 모를 병에 걸리자, 허준은 여러 날을 밤새 가며 진료하여 왕세자의 병을 말끔히 치료했어요. 또 임진왜란 때는 선조의 피난길을 함께 가며 건강을 돌봤는데 그 공으로 높은 벼슬에도 올랐지요.

그 후 허준은 의학 서적을 편찬하라는 선조의 명으로 전국에 흩어져 있던 중국과 조선의 의학서들을 한데 모으기 시작했어요. 그리고 15년이 지난 1610년, 25권 분량의 《동의보감》을 완성했어요. 허준은 이 책에 신체의 여러 기능, 여러 질병의 종류와 치료법, 약을 제조하는 법 등을 체계적으로 정리하였어요. 치료에 바로 활용할 수 있는 처방은 물론, 병을 예방하고 수명을 늘리는 방법도 담았어요.

허준은 이를 통해 조선의 한의학 발전에 큰 공을 세웠어요. 《동의보감》이 지닌 의학적 가치는 지금까지도 중국이나 일본에서 높게 평가받고 있어요.

의학자

허준
조선 시대(1539~1615년)

조선 중기의 의학자. 선조와 광해군의 어의였으며 조선 시대 최고의 의학서 《동의보감》을 편찬한 것으로 유명함. 이외에도 각종 의학서를 정리함.

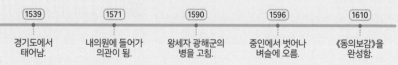

1539	1571	1590	1596	1610
경기도에서 태어남.	내의원에 들어가 의관이 됨.	왕세자 광해군의 병을 고침.	중인에서 벗어나 벼슬에 오름.	《동의보감》을 완성함.

1 허준에 대해 바르게 말한 아이를 모두 찾아 이름에 ○표 하세요.

선재   선조의 원인 모를 병을 고쳐 주어 벼슬에 올랐어.

도영   선조의 명을 받아 《동의보감》을 편찬하기 시작했어.

진아   서른 살쯤 임금의 진료를 담당하는 어의가 되었어.

2 허준이 살았던 시대에 대한 설명으로 맞으면 ○표, 틀리면 X표 하세요.

(1) 임진왜란 같은 큰 전쟁이 일어났어요.   (   )

(2) 허준과 같은 서자도 의술을 공부할 수 있었어요.   (   )

(3) 당시 우리나라에는 중국의 의학서밖에 없었어요.   (   )

3 《동의보감》에 대한 설명과 관련 있는 숫자를 찾아 줄로 이으세요.

| 《동의보감》의 권수 | • | | • | 15 |

| 《동의보감》 편찬에 걸린 기간 | • | | • | 1610 |

| 《동의보감》이 완성된 해 | • | | • | 25 |

4 《동의보감》에 실려 있는 내용이 <u>아닌</u> 것을 고르세요.   (   )

① 신체의 여러 기능
② 서양의 의학 지식
③ 병을 예방하는 방법
④ 질병의 종류와 치료법

어휘 풀이

- **편찬** 책을 펴냄.
- **서자** 양반과 양민 여성 사이에서 낳은 아들.
- **의술** 병이나 상처를 고치는 기술.
- **어의** 궁궐 내에서 임금이나 왕족의 병을 치료하던 의원.

4 일차

김만덕

제주도 사람들을 구하다

김만덕은 조선 시대 정조 때 활약한 상인이에요. 김만덕은 어릴 때 부모를 잃고 기생이 되었다가, 이를 그만두고 상인이 되었지요. 그 후 제주도에서 육지와 물건을 거래하여 큰돈을 벌었어요.

김만덕이 56세 되던 해, 태풍이 제주도를 덮쳐 큰 흉년이 들었어요. 원래 제주도는 쌀이 귀한 곳인데, 흉년까지 겹쳐 사람들은 굶어 죽을 처지에 놓였어요. 조정에서 제주도로 급히 쌀을 보냈지만, 쌀을 실은 배가 바다에 가라앉아 버렸지요. 김만덕은 자신이 할 수 있는 일을 곰곰이 생각해 보았어요.

"재물을 현명하게 사용하면 많은 사람들의 목숨을 구할 수 있지만 그렇지 않으면 모아 둔 재물은 썩은 흙과 같다."

김만덕은 전 재산으로 육지에서 쌀 500섬을 사들였어요. 그리고 그 곡식을 나라에 바쳐 제주도 사람들에게 나누어 주게 했지요. 이 소식을 들은 사람들은 구름처럼 모여들어 쌓여 있는 곡식을 보고 크게 기뻐하며 김만덕의 선행을 칭송했어요.

이 이야기를 들은 정조는 김만덕에게 큰 상을 내리겠다며 원하는 것이 무엇인지 물었어요. 김만덕은 한양의 궁궐을 구경하고 금강산 일만 이천 봉을 보는 게 평생 소원이라고 말했어요. 당시에는 신분 낮은 여성이 궁궐에 들어가는 것은 불가능했어요. 하지만 정조는 김만덕에게 임시로 벼슬을 내려 궁궐에 초청하고 금강산 유람도 시켜 주었답니다.

상인
김만덕 조선 시대(1739~1812년)

큰 재산을 모은 조선 정조 때의 상인. 제주도에 흉년이 닥쳤을 때 전 재산을 기부한 선행으로 이름을 알림.

1739	1762	1795	1796
제주도에서 태어남.	상인이 됨.	흉년에 많은 곡식을 기부함.	정조에게 큰 상을 받음.

1 김만덕에 대한 설명으로 맞으면 ○표, 틀리면 X표 하세요.

(1) 조선 정조 때 활약한 상인이에요.   (   )

(2) 제주도에 흉년이 들었을 때 곡식을 팔아 큰돈을 벌었어요.   (   )

(3) 어릴 때 부모을 잃고 기생이 되었어요.   (   )

1주

2 밑줄 친 부분과 뜻이 가장 비슷한 말을 고르세요.   (   )

> 재물을 현명하게 사용하면 많은 사람들의 목숨을 구할 수 있지만 그렇지 않으면 모아 둔 재물은 <u>썩은 흙과 같다</u>.

① 썩는다.   ② 쓸모가 없다.
③ 문제가 많다.   ④ 몸에 좋지 않다.

3 김만덕에게 일어난 일의 순서에 맞게 번호를 쓰세요.

상인이 되어 큰돈을 벌었어요.	부모를 잃고 기생이 되었어요.	정조에게 상을 받아 금강산을 구경했어요.	제주도에 흉년이 들었을 때 사람들을 도왔어요.
( )	( )	( )	( )

4 김만덕이 정조에게 말한 소원 두 가지를 고르세요.   (   )

① 한양의 궁궐 구경, 금강산 유람   ② 한양의 궁궐 구경, 높은 벼슬
③ 많은 재물, 금강산 유람   ④ 많은 재물, 높은 벼슬

💡 **어휘 풀이**

- **상인** 장사를 하는 사람.
- **흉년** 농사가 잘되지 않은 해.
- **재물** 값이 나가는 물건이나 돈.
- **칭송** 잘한 일이나 좋은 일에 대해서 칭찬하는 것.
- **유람** 돌아다니며 구경함.

유일한
기업의 이익을 사회에 되돌려 주다

아홉 살 어린 나이의 유일한은 부푼 꿈을 안고 미국 유학길에 올랐어요. 아버지가 넓고 앞선 나라인 미국에서 공부하여 민족을 위해 일하기를 바랐기 때문이었지요.

"미국에서 큰 공부를 했으면 큰일을 하거라."

서른세 살에 유일한은 잘되던 식품 사업을 접고 아버지의 바람대로 조국으로 돌아왔어요. 한국에서 제약 회사를 설립한 유일한은 대부분의 약을 외국에서 수입하는 현실이 안타까웠어요. 그러다가 한국인들의 건강을 지키려면 직접 약을 개발해야 한다는 것을 깨달았지요. 유일한은 그동안 약을 만들어 본 적이 없는 직원들을 교육시켜 가장 필요한 가정상비약부터 만들게 했어요. 그리고 우수한 연구원들을 많이 뽑아 제대로 된 약을 개발했어요.

당시에는 약의 효과를 높이기 위해 몸에 해로운 성분을 섞어 만드는 일도 종종 있었어요. 하지만 유일한은 자신의 회사 제품에 그런 성분을 넣지 않았어요. 소비자를 속이고 나아가 국민의 건강을 해치는 일이었기 때문이지요. 또한 '어떤 병도 다 고치는 만병통치약'이라고 과장 광고하는 곳도 많았지만 유일한은 약 성분을 명확히 밝히고 연구원의 이름까지 넣어 믿음을 주었어요.

"기업의 생명은 신용이다. 기업에서 얻은 이익은 그 기업을 키워 준 사회에 돌려주어야 한다."

유일한의 회사는 세금을 성실하게 신고하고 납부하여 표창도 여러 번 받았어요. 그리고 그는 세상을 떠나기 전, 사회에 재산을 모두 기부하였어요.

기업가	제약 회사 유한양행을 설립한 기업가. 많은 의약품을 새로 개발하였고 기업의 사회적 책임을 중요하게 여겼음. 기업 운영을 통해 얻은 대부분의 이익을 사회에 기부하였음.

유일한
대한민국(1895~1971년)

1895	1904	1919	1926	1970
평안도에서 태어남.	미국으로 유학을 떠남.	한인 자유 대회에서 결의문을 낭독함.	유한양행을 세움.	유한재단을 세움.

1 유일한에 대한 설명으로 맞으면 ◯표, 틀리면 X표 하세요.

(1) 아버지의 권유로 아홉 살에 미국 유학길에 올랐어요.　　　　(　　　)

(2) 미국에서 한국인을 대상으로 제약 회사를 운영하였어요.　　　(　　　)

(3) 회사의 세금을 성실하게 납부하여 표창을 받았어요.　　　　(　　　)

1주

2 유일한이 했던 일을 모두 찾아 색칠하세요.

제약 회사 설립	재산 기부	과장 광고	가정상비약 개발

3 유일한이 회사를 운영한 방법에 대한 설명으로 **틀린** 것을 고르세요.　　(　　　)

① 우수한 연구원을 많이 뽑아 약을 만들었어요.

② 몸에 해로운 성분을 약에 넣는 것을 반대했어요.

③ 좋은 약을 만들어 만병통치약이라고 광고했어요.

④ 기업에서 얻은 이익은 사회에 돌려줘야 한다고 생각했어요.

4 유일한의 말을 읽고, 빈칸에 알맞은 말을 쓰세요.

"기업의 생명은 [　|　]이다. 기업에서 얻은 이익은 그 기업을 키워 준 사회에 돌려주어야 한다."

💡 **어휘 풀이**

- **제약 회사** 약을 만드는 회사.
- **가정상비약** 가정에서 간단한 치료에 쓸 수 있도록 늘 갖추어 두는 약.
- **만병통치약** 온갖 병을 고치는 데 쓰는 약이나 처방.
- **과장 광고** 상품이나 서비스에 대한 정보를 사실보다 부풀려 소비자에게 알리는 의도적인 활동.
- **신용** 사람이나 사물이 틀림없다고 믿어 의심하지 아니함.

2일차 3일차 5일차

1 다음 인물에 대한 설명으로 알맞은 것을 찾아 줄로 이으세요.

페스탈로치 •   • 가정상비약 등 의약품을 개발했어요.

허준 •   • 고아원과 학교에서 아이들을 가르쳤어요.

유일한 •   • 의학서 《동의보감》을 완성했어요.

1일차 4일차 5일차

2 다음 인물과 관련 있는 것을 보기 에서 모두 찾아 기호를 쓰세요.

보기

㉠ 불교   ㉡ 금강산 유람   ㉢ 제약 회사
㉣ 인도의 왕자   ㉤ 미국 유학   ㉥ 정조

(1) 석가모니   (   )

(2) 김만덕   (   )

(3) 유일한   (   )

3일차

3 허준이 편찬한 《동의보감》에 대한 설명을 읽고, 빈 곳에 들어갈 말끼리 짝 지어진 것을 고르세요.   (   )

의미	특징
총 _____ 권으로 구성된 조선 시대 최고의 의학서	치료에 바로 활용할 수 있는 처방은 물론, 병을 _____ 하고 수명을 늘리는 방법도 담겨 있음.

① 20 – 예방   ② 20 – 처방

③ 25 – 예방   ④ 25 – 처방

4일차

4 다음 글에서 설명하는 인물은 누구인지 고르세요. ( )

> 제주도에 큰 흉년이 들었을 때 재산을 모두 곡식으로 바꾸어 굶주린 사람들을 구한 조선 시대 상인이에요.

① 석가모니　　　② 허준　　　③ 유일한　　　④ 김만덕

2일차

5 다음 글에서 중심 낱말은 무엇인지 찾아 쓰세요.

> 당시 교육은 부자와 귀족만을 위한 것이었고, 가난한 사람들은 제대로 교육받을 기회조차 없었어요. 페스탈로치는 더 나은 사회를 만들기 위해서 교육이 중요하다고 믿었어요.

✎ _____

5일차

6 밑줄 친 낱말의 의미로 알맞은 것을 고르세요. ( )

> "미국에서 큰 공부를 했으면 큰일을 하거라."
> 서른세 살에 유일한은 잘되던 식품 사업을 접고 아버지의 바람대로 조국으로 돌아왔어요.

① 박사가 되는 일　　　　　② 조국을 위하는 일
③ 돈을 많이 버는 일　　　　④ 가장 재미있는 일

 매체 활용

3일차

7 지도에서 '허준 박물관'의 위치를 <u>잘못</u> 설명한 것을 고르세요. ( )

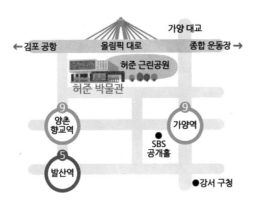

① 옆에 허준 근린공원이 있어요.
② 가장 가까운 전철역은 양천향교역이에요.
③ 가장 가까운 다리는 김포 대교예요.
④ 자동차로 가면 올림픽 대로에서 가까워요.

모든 사람이 행복하기를 추구하는 불교

불교는 기독교, 이슬람교와 함께 세계 3대 종교의 하나야. 약 2,500년 전 석가모니가 35세에 보리수나무 아래에서 큰 깨달음을 얻으면서 시작되었지. 당시 인도는 신분 차별이 세계에서 가장 심한 나라 중 하나였어. 석가모니는 왕족이었지만 신분이 높고 낮음을 상관하지 않고 누구에게나 가르침을 베풀었어. 자신이 얻은 깨달음을 모두와 함께 나눠서, 모두가 행복해지기를 바랐지.

▲ 경주 석굴암의 불상

인도에서 시작된 불교는 스리랑카, 동남아시아, 중국, 한국, 일본으로 널리 퍼졌어. 우리나라에는 고구려의 소수림왕 때 중국을 통해 들어온 후 백제와 신라로 퍼졌지.

아동의 권리를 보호하는 '아동 인권 선언'

18세기에는 아동의 권리가 제대로 보호받지 못했어. 부잣집 아이들만 학교에 다녔고, 보통 가정에서는 학교에 보내지도 않았지. 어른들이 일하러 나가면 아이들은 집안일을 하거나 공장에 나가 돈을 벌어야 했어.

그러다가 1959년 유엔에서 아동의 권리 보호를 위해 '아동 인권 선언'을 발표했어. 어린이는 성별, 인종 등의 이유로 차별받지 않아야 하고, 의무 교육을 받고 놀이 시간을 가질 권리가 있다는 내용 등이 담겨 있지.

한국에서는 이보다 앞선 1923년에 방정환 선생이 어린이날을 만들면서 어린이 인권 선언을 발표했어. 그 내용으로는 어린이에게 높임말을 쓰고 존중할 것, 어린이의 위생을 신경 쓰고 건강한 정서를 갖게 할 것 등이 담겨 있어.

조선 시대 최고의 의학서 《동의보감》

허준이 지은 《동의보감》은 조선 시대에 만들어진 최고의 의학서야. 이 책을 만들 때 허준은 몇 가지 원칙을 세웠대. 하나는 병에 걸린 후 치료하는 것보다 병을 예방하고 수명을 늘리는 것이 중요하다는 것이고, 또 하나는 많은 처방들 중에서 가장 좋은 것만 간추린다는 것이었어. 당시 중국에서 들여온 의학서가 많았는데, 책들마다 각기 다른 처방이 실려 있었기 때문이야. 그리고 약을 누구나 쉽게 쓸 수 있도록 약초의 이름을 한글로 적는다는 원칙도 세웠지. 시골에서는 약이 부족하기 때문에 주변에서 나는 약초를 써야 하는데, 어려운 한자어를 쓰면 평민들이 못 알아보기 때문이야.

《동의보감》은 의학의 모든 부문을 담은 백과사전이기도 해. 총 25권으로 되어 있는데, 내과 관련 내용이 4권, 외과 관련 내용이 4권, 유행병, 부인과, 소아과 관련 내용이 11권, 약제학, 약물학 관련 내용이 3권, 침 놓는 법이 1권, 전체 소개가 2권이야. 《동의보감》은 17세기 동아시아 의학 지식과 의술을 한데 모아 놓아 지금까지도 한의학에 큰 영향을 미치고 있어.

그리고 서양 의학에서는 병의 원인을 찾고 치료하는 것을 중요하게 생각했지만, 《동의보감》은 병이 생기기 전에 몸을 건강하게 관리할 것을 강조했어. 또한 마음의 건강을 중요하게 생각하여, 병이 생기는 이유가 마음에도 있다고 보았지. 조선 시대 때부터 이미 몸과 마음의 편안함을 추구하는 '웰빙'을 중요하게 생각한 것은 참 놀라운 일이야. 이런 점 때문에 《동의보감》은 세계적으로 그 가치를 인정받아 2009년 유네스코 지정 세계 기록 유산에 선정되기도 했어.

▲ 허준이 편찬한 《동의보감》

플로렌스 나이팅게일

전쟁터에서 간호의 등불을 밝히다

"간호는 환자의 마음의 상처까지 치료하는 일이야. 가난하고 병든 사람들을 돌보는 일에 평생을 바치겠어."

나이팅게일은 열일곱 살에 간호사가 되겠다고 선언하여 부모님과 주변 사람들을 깜짝 놀라게 했어요. 그 시대에는 간호학을 공부할 수 있는 곳이 없었기 때문에, 나이팅게일은 의학 서적과 병원 관련 자료를 스스로 찾아 읽으며 간호사가 될 준비를 했어요.

그러던 중, 크림 전쟁이 일어나 나이팅게일의 조국인 영국도 전쟁에 참여하게 되었어요. 나이팅게일은 38명의 간호사들과 함께 전쟁터로 향했어요. 당시에는 의사나 간호사가 부족해서 부상병들을 제때 치료할 수 없었고, 의약품은 물론 침대와 이불, 옷가지도 부족했어요.

심지어 총에 맞아 숨지는 병사들보다 제대로 치료받지 못해서 사망하는 경우가 더 많았어요. 위생 상태도 엉망이어서 상처 부위가 2차 감염을 일으키거나 파상풍에 걸려서 죽기도 했지요. 나이팅게일은 자신의 재산을 들여 위생 상태를 깨끗하게 만들고 의약품을 구입했어요. 밤마다 등불을 들고 병사들의 상태도 살폈어요. 이 모습 때문에 '등불을 든 여인'이라는 별명도 얻게 되었지요.

나이팅게일이 전쟁터에 도착한 지 6개월 만에 병사 사망률이 대폭 줄어들었어요. 나이팅게일은 전쟁 영웅이 되었고 간호사에 대한 사람들의 인식도 달라졌어요. 이후 그녀는 빅토리아 여왕에게 건의해 간호 전문학교를 세워 간호 교육의 기초를 만들었답니다.

간호사

플로렌스 나이팅게일
영국(1820~1910년)

영국의 간호사. 크림 전쟁 때 영국군 간호사로 지원해 큰 활약을 하였음. 간호 학교를 세워 간호 교육의 기초를 세운 인물.

1820	1853	1854	1856	1859
이탈리아에서 태어남.	자선 요양소의 책임자가 됨.	크림 전쟁 때 영국군 구호 활동을 함.	빅토리아 여왕에게 의료 개혁안을 건의함.	간호 전문학교를 세움.

1 크림 전쟁 당시의 상황으로 맞으면 ○표, 틀리면 X표 하세요.

(1) 위생 상태가 엉망이어서 2차 감염이 일어나기도 했어요.   (   )

(2) 의료진과 의약품은 풍부한 편이었어요.   (   )

(3) 침대와 이불, 옷가지가 부족했어요.   (   )

2 나이팅게일에 대한 설명으로 **틀린** 것을 고르세요.   (   )

① 간호는 환자의 마음의 상처까지 치료하는 일이라고 생각했어요.
② 38명의 의사들과 함께 크림 전쟁에서 부상병을 간호했어요.
③ 간호 전문학교를 세우고 간호 교육의 기초를 만들었어요.
④ 전쟁터에서 부상병들을 돌보아 사망률을 낮추었어요.

2주

3 밤마다 등불을 들고 병사들의 상태를 살폈던 나이팅게일의 별명을 쓰세요.

✎ _____

4 나이팅게일이 크림 전쟁에서 했던 일이 <u>아닌</u> 것을 고르세요.   (   )

① 간호사를 교육했어요.
② 병사들을 보살폈어요.
③ 의약품을 구입했어요.
④ 위생 상태를 깨끗이 했어요.

💡 **어휘 풀이**

- **선언하다** 널리 펴서 말하다.
- **크림 전쟁** 1853년 러시아가 흑해로 진출하기 위하여 유럽 연합군과 벌인 전쟁.
- **위생** 건강에 좋도록 병의 예방이나 치료에 힘쓰는 일.
- **2차 감염** 어떤 병원체의 감염으로 몸이 약해졌을 때 신체의 다른 부위에 다시 감염이 일어나는 것.
- **파상풍** 파상풍균이 일으키는 급성 전염병으로 상처를 통하여 감염됨.

앙리 뒤낭
민간 구호 단체를 만들다

1859년 6월 24일, 이탈리아 솔페리노에서 큰 전투가 벌어졌어요. 당시 앙리 뒤낭은 사업 문제를 해결하기 위하여 프랑스 황제를 만나러 가던 중이었어요. 뒤낭은 마을 전체에 가득 찬 부상자들을 보고 그냥 지나칠 수가 없었어요. 그래서 부상자들의 고통을 덜어 주기 위한 방법을 생각했어요.

먼저 자신의 돈으로 보급품을 구입하고, 부상자들을 도울 사람들을 모아 아군과 적군을 가리지 않고 치료했어요. 또한 의사가 부족해지자 붙잡힌 포로들 가운데 의사였던 이들을 풀어 주고 부상병들을 치료하게 했어요.

원래 알제리에서 사업을 하던 앙리 뒤낭의 인생은 이날 밤 전투를 계기로 사업가에서 사회사업가로 완전히 바뀌었어요. 전쟁터에서 돌아온 앙리 뒤낭은 부상병을 차별 없이 돌볼 수 있는 국제기구가 필요하다고 생각했어요. 그리고 지식과 경험이 풍부한 자원봉사자들을 뽑아 구호 단체를 만들자고 제안했어요.

1863년, 이를 받아들인 16개 국가들이 모여서 '국제 적십자 위원회', 즉 적십자를 만들었어요. 적십자는 전쟁 때에는 부상자들을 돌보고 평상시에는 재난과 병으로 고통받는 사람들을 돌보는 것을 목표로 하는 민간단체예요. 적십자 본부는 앙리 뒤낭의 고향인 스위스 제네바에 있고, 적십자의 표지에는 스위스 국기의 색이 사용되었지요.

앙리 뒤낭은 1901년, 세계 평화에 기여한 공로를 인정받아 제1회 노벨 평화상을 받았어요.

사회사업가	스위스의 기업가이자 사회사업가. 전쟁터에서 부상자를 차별 없이 돕는 국제 적십자 위원회를 창립하였으며 1901년 제1회 노벨 평화상을 받았음.

앙리 뒤낭
스위스(1828~1910년)

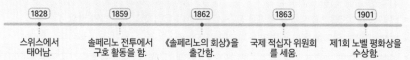

1828	1859	1862	1863	1901
스위스에서 태어남.	솔페리노 전투에서 구호 활동을 함.	《솔페리노의 회상》을 출간함.	국제 적십자 위원회를 세움.	제1회 노벨 평화상을 수상함.

1 앙리 뒤낭에 대한 글을 읽으면서, 알맞은 말에 ○표 하세요.

> 앙리 뒤낭의 인생은 이날 밤 솔페리노 전투를 계기로 (사업가 / 사회사업가)로 완전히 바뀌었어요. 그는 지식과 경험이 풍부한 (의사 / 자원봉사자)들을 뽑아 구호 단체를 만들자고 제안했어요.

2 앙리 뒤낭이 했던 노력으로 맞지 <u>않는</u> 것을 고르세요.   (   )

① 자원봉사자들로 구호 단체를 조직했어요.
② 약이 부족해서 적군은 치료하지 않았어요.
③ 자신의 돈으로 보급품을 구입하였어요.
④ 부상병들을 차별 없이 치료하였어요.

2주

3 앙리 뒤낭에 대해 바르게 말한 아이를 찾아 이름에 ○표 하세요.

현우　가난한 사람들을 위해 병원을 만들었어.

민희　제1회 노벨 평화상을 수상했어.

효원　솔페리노 전투에서 만난 부상자들을 프랑스 황제에게 데리고 갔어.

4 1863년 앙리 뒤낭의 제안으로 16개 국가들이 모여 만든 단체의 이름을 쓰세요.

✎ _____

💡 **어휘 풀이**

• **민간** 정부 기관에 속하지 않음.
• **구호** 재해나 재난 따위로 어려움에 처한 사람을 도와 보호함.
• **아군** 우리 편 군대.
• **사회사업가** 사회적 약자를 돕는 전문적이고 조직적인 사업을 하는 사람.
• **제안하다** 의견을 내놓다.

우장춘
우리나라의 먹거리를 키워 내다

우장춘이 개발한 것으로 알려진 '씨 없는 수박'은 사실 우장춘이 직접 개발한 건 아니에요. 우장춘이 일본에서 유전학을 공부하고 있을 때, 한 일본인이 찾아와 씨 없는 수박을 만들고 싶다고 했어요. 그 일본인은 우장춘이 '서로 다른 종을 교배하면 더 좋은 품종을 만들 수 있다'고 밝힌 연구의 도움으로 씨 없는 수박을 개발한 것이죠.

한편 광복 후 우리나라는 식량 문제로 고민이 많았어요. 고민 끝에 한국 정부는 식량 부족 문제를 해결하기 위해 우장춘에게 도움을 청했어요.

"드디어 조국에서 일하게 되었구나! 열심히 연구해서 열악한 식량 사정을 완전히 바꿔 놓고 말겠어. 그것이 나를 불러 준 조국에 보답하는 길이야."

1950년, 조국의 먹거리를 위해 우장춘은 한국으로 돌아왔어요. 그리고 곳곳을 돌아다니며 농촌의 실정을 관찰하고 문제점을 찾아냈어요. 그 당시 우리나라에서 재배하던 농작물은 튼튼하지 않고 열매도 실하지 않았어요. 우장춘은 병충해에 강한 배추와 무를 개발하였어요. 또한 서늘한 곳에서 잘 자라는 감자는 강원도 고산 지대에서 기르도록 했어요. 그 후 일 년에 한 번만 수확하던 벼를 두 번 수확할 수 있게 만드는 데도 성공했어요.

이렇듯 우장춘은 우리 민족의 먹거리를 풍부하게 해 준 학자예요. 우리가 매일 먹는 쌀밥, 맛있는 김치, 제주의 감귤, 이 모든 것을 즐길 수 있는 것은 모두 우장춘 덕분이지요.

농학자

우장춘
대한민국(1898~1959년)

대한민국의 농학자. 한평생 농작물 연구를 하였으며 벼, 감자 등의 주식부터 감귤, 유채 등 특산품에 이르기까지 다양한 종을 개량함.

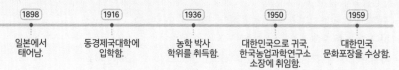

1898	1916	1936	1950	1959
일본에서 태어남.	동경제국대학에 입학함.	농학 박사 학위를 취득함.	대한민국으로 귀국, 한국농업과학연구소 소장에 취임함.	대한민국 문화포장을 수상함.

1 우장춘이 한국에 돌아온 이유를 고르세요.   (   )

① 한국 농촌의 모습을 관찰하기 위해서

② 한국의 식량 부족 문제를 해결하기 위해서

③ 일본에서 하지 못한 연구를 마무리하기 위해서

④ 한국에서 씨 없는 수박을 개발하기 위해서

2 우장춘이 한 일이 <u>아닌</u> 것을 고르세요.   (   )

2주

① 씨 없는 수박을 직접 개발했어요.

② 병충해에 강한 배추와 무를 개발했어요.

③ 감자를 서늘한 고산 지대에서 기르게 했어요.

④ 벼를 일 년에 두 번 수확할 수 있게 만들었어요.

3 우장춘이 연구한 농작물이 <u>아닌</u> 것을 찾아 ○표 하세요.

| 감자 | 감귤 | 배추 | 벼 | 바나나 |

4 우장춘에 대한 글을 읽고, 빈칸에 알맞은 말을 쓰세요.

> 우장춘은 우리 민족의 [ ][ ][ ]를 풍부하게 해 준 학자예요. 우리가 매일
> 먹는 쌀밥, 맛있는 김치, 이 모든 것을 즐길 수 있는 것은 모두 우장춘 덕분이지요.

어휘 풀이

- **교배** 생물의 암, 수를 인공적으로 수정시켜 다음 세대를 얻음.
- **열악하다** 품질이나 능력, 시설 따위가 매우 떨어지고 나쁘다.
- **실정** 어떤 일의 실제 사정이나 형편.
- **병충해** 농작물이 병과 해충으로 인하여 입은 피해.
- **고산 지대** 높은 산의 지대.

9일차

테레사 수녀
가장 가난한 사람들 편에 서다

'힘없이 죽어 가는 사람들의 곁에서 그들을 도우며 살아가라.'

1946년, 수녀회에서 운영하는 성 마리아 학교의 교사로 일하던 테레사 수녀는 하나님의 목소리를 들었어요. 그녀는 수녀원 밖으로 나와, 가장 가난한 사람들이 사는 인도 빈민가로 향했어요.

인도는 가난한 나라였어요. 길거리에는 비쩍 마르고 더러운 차림의 아이들이 맑은 눈빛을 하고 있었어요. 테레사는 아이들을 불러 모아 글자부터 가르쳤어요.

"자, 이제부터 자기 이름을 읽고 써 보자."

"쳇, 며칠 그러다가 말겠지. 누가 우리 같은 가난뱅이들에게 관심을 갖겠어?"

테레사 수녀는 매일매일 거리로 나와 아이들에게 이름 쓰는 법, 세수하고 머리 빗는 법 등을 가르쳤어요. 아이들과 친근해지자 집을 방문하여 환자가 있는지 살펴보고, 약을 구해다 주었지요. 또한 작은 학교를 열어 아이들을 가르쳤고, 기부금을 모으기도 했어요.

1950년 테레사 수녀는 수녀들로 이루어진 봉사 단체 '사랑의 선교 수녀회'를 만들었어요. 여기에 소속된 수녀들은 개인 물건을 소유할 수 없었고, 아주 힘든 수련 기간을 거쳐야만 했어요. '가난한 사람들 중에서도 가장 가난한 사람들을 위해 헌신한다'는 맹세를 하고, 중환자와 장애인, 버림받은 사람, 죽어 가는 사람들을 돌보았어요.

테레사 수녀는 이러한 공을 인정받아 1979년 노벨 평화상을 받았지요.

종교 지도자

테레사 수녀
유고슬라비아(1910~1997년)

알바니아계 출신의 인도 가톨릭교회 수녀. 질병이 있거나 사회에서 소외당하는 이들에게 평생 나눔을 실천하여 노벨 평화상을 수상함.

1910	1928	1946	1950	1979
유고슬라비아에서 태어남.	수녀가 됨.	인도 빈민가에서 봉사 활동을 시작함.	'사랑의 선교 수녀회'를 세움.	노벨 평화상을 수상함.

1 테레사 수녀가 인도에서 했던 봉사가 <u>아닌</u> 것을 고르세요.   (   )

① 병원을 지었어요.

② 기부금을 모았어요.

③ 환자를 돌보았어요.

④ 아이들을 가르쳤어요.

2 테레사 수녀에 어울리는 말을 모두 찾아 색칠하세요.

> 사랑   이기심   질투   헌신

3 글의 내용으로 맞으면 ◯표, 틀리면 X표 하세요.

(1) 테레사 수녀는 인도의 빈민가에서 봉사를 했어요.   (   )

(2) 사랑의 선교회 수녀들은 개인 물건을 소유할 수 있었어요.   (   )

(3) 테레사 수녀는 부자와 가난한 사람을 가리지 않고 헌신하였어요.   (   )

4 테레사 수녀가 만든 봉사 단체의 이름을 쓰세요.

✎ _____

💡 **어휘 풀이**

• **수녀원** 수녀들이 공동 생활을 하면서 수도하는 집.
• **빈민가** 빈민들이 모여 사는 거리.
• **가난뱅이** 가난한 사람을 낮잡아 부르는 말.
• **수련** 수도회에 입회하여 수녀나 수도사가 되기 위해 거쳐야 하는 훈련.
• **헌신** 몸과 마음을 바쳐 있는 힘을 다함.
• **중환자** 병세나 상처 따위의 정도가 매우 심한 사람.

이태석
아프리카 톤즈의 아버지가 되다

"파더 쫄리~!"

아프리카 수단 남부의 작은 마을 톤즈에는 이태석을 친근하게 부르는 소리가 언제나 울려 퍼졌어요. 의과 대학을 졸업하고 뒤늦게 사제가 된 이태석은 아프리카 선교 체험 중에 전쟁으로 황폐해진 '절망의 땅' 톤즈를 알게 되었어요. 그리고 망설임 없이 톤즈로 가 평생을 선교와 의료 봉사를 하며 보냈어요.

톤즈에서 이태석은 말라리아와 콜레라로 죽어 가는 주민들과 한센병 환자들을 치료 했어요. 흙담과 짚풀로 지붕을 엮어 병원을 짓고, 매일 200~300명의 환자들을 돌보았 어요. 병원에 오기 힘든 환자들을 위해서는 주말마다 집으로 직접 찾아가 진료했지요. 그중에는 한센병 환자도 있었는데, 그 병에 걸리면 몸의 일부가 문드러지기도 해요. 이 태석은 한센병에 걸려 발가락이 없거나 기형인 환자들의 발을 종이에 대고 하나하나 그 려서 맞춤 신발을 만들어 주었어요. 환자들은 감동하며 눈물을 흘렸지요.

이태석은 주민들이 오염된 강물을 마시고 자꾸 전염병에 걸리자, 여러 곳에 우물을 파 서 식수난을 해결했어요. 또 하루 한 끼밖에 못 먹는 가난한 이들을 위해 함께 농작물도 길렀어요. 학교를 세워 아이들을 가르치고, 음악 밴드를 만들어 즐거움을 선물했어요.

이태석은 의사이자 사제로, 또 톤즈 사람들의 좋은 친구로 지금도 기억되고 있답니다. 톤즈 사람들의 사랑 속에서 그는 '모든 것이 좋다'는 유언을 남기고 숨을 거두었어요.

종교 지도자

이태석
대한민국(1962~2010년)

대한민국의 의사이자 가톨릭 사제. 신부가 된 후 아프리카 수단의 '톤즈'라는 마을로 가 의료와 교육 봉사 활동을 하였음.

1962	1987	1991	1999	2001
부산에서 태어남.	인제대학교 의과 대학을 졸업함.	살레시오 수도회에 입회함.	케냐에 선교 체험을 갔다가 톤즈를 방문함.	사제가 되어 아프리카 수단으로 떠남.

1 이태석이 평생을 바쳐 사람들을 치료하고 아이들을 가르친 마을의 이름을 쓰세요.

✏️ _____

2 이태석이 한센병 환자에게 신발을 만들어 준 이유를 고르세요. 　　 (　　)

① 진료를 받으러 병원에 찾아오기 힘들어서

② 한센병 환자의 발을 연구하고 있었기 때문에

③ 발가락이 없거나 기형이어서 불편하기 때문에

④ 자신이 전공한 미술을 활용하여 봉사하기 위해서

2주

3 이태석에 대해 바르게 말한 아이를 찾아 이름에 ○표 하세요.

진규 　 흙담과 짚풀을 엮어 병원을 짓고 우물도 팠어.

선화 　 한센병 환자들을 위해 맞춤 옷을 제작해 주었어.

미소 　 학생들을 가르치기도 하고 음악 밴드도 만들었어.

4 이태석에 대한 글을 읽으면서 알맞은 말에 ○표 하세요.

> 이태석은 톤즈에서 (의사이자 사제 / 교사이자 목사)로서 봉사하였어요. 그는 (모든 것이 슬프다 / 모든 것이 좋다)는 유언을 남기고 숨을 거두었어요.

💡 **어휘 풀이**

- **사제** 가톨릭교에서 신부를 이르는 말.
- **선교** 종교를 선전하여 널리 알림.
- **한센병** 나병균에 의해 감염되는 전염병. 피부 살점이 튀어나오고 손발이나 얼굴이 문드러져서 변형되기도 함.
- **문드러지다** 썩거나 물러서 힘없이 처져 떨어지다.
- **기형** 사물의 생김새 따위가 정상과는 다른 모양.
- **식수난** 먹을 물이 부족하거나 없어져서 겪는 어려움.

6일차 9일차 10일차

1 다음 인물과 관련 있는 것을 보기 에서 모두 찾아 기호를 쓰세요.

> **보기**
>
> ㉠ 크림 전쟁　　　　㉡ 노벨 평화상　　　　㉢ 간호 전문학교
>
> ㉣ 한센병 환자　　　　㉤ 아프리카 톤즈　　　㉥ 사랑의 선교 수녀회

(1) 나이팅게일　　　　(　　　　　　　)

(2) 이태석　　　　　　(　　　　　　　)

(3) 테레사 수녀　　　　(　　　　　　　)

7일차 8일차

2 다음 설명과 관련 있는 인물을 찾아 줄로 이으세요.

일 년에 한 번만 수확하던 벼를 두 번 수확할 수 있게 했어요.	•	•	앙리 뒤낭
전쟁에서 다친 부상병들을 돌보기 위해 민간인 구호 단체를 조직했어요.	•	•	우장춘

6일차

3 나이팅게일이 '등불을 든 여인'이라는 별명을 얻은 이유를 고르세요.　　　(　　　　　)

> 나이팅게일은 자신의 재산을 들여 위생 상태를 깨끗하게 만들고 의약품을 구입했어요. 밤마다 등불을 들고 병사들의 상태도 살폈어요. 이 모습 때문에 '등불을 든 여인'이라는 별명도 얻게 되었지요.

① 위생 상태를 깨끗하게 만들었기 때문에

② 밤마다 등불을 들고 병사들을 보살폈기 때문에

③ 가지고 있던 재산을 봉사에 사용했기 때문에

④ 의약품 구입을 적극적으로 했기 때문에

4 (9일차) 밑줄 친 낱말의 뜻과 거리가 <u>먼</u> 것을 고르세요. ( )

> "쳇, 며칠 그러다가 말겠지. 누가 우리 같은 <u>가난뱅이</u>들에게 관심을 갖겠어?"

① 구두쇠   ② 빈민

③ 빈털터리   ④ 가난한 사람

5 (10일차) 다음 글에서 짐작할 수 있는 이태석의 성격으로 맞는 것을 고르세요. ( )

> 이태석은 병원에 오기 힘든 환자들을 위해서는 주말마다 집으로 직접 찾아가 진료했지요. 그중에는 한센병 환자도 있었는데, 그 병에 걸리면 몸의 일부가 문드러지기도 해요. 이태석은 한센병에 걸려 발가락이 없거나 기형인 환자들의 발을 종이에 대고 하나하나 그려서 맞춤 신발을 만들어 주었어요.

① 큰 병에 걸린 적이 있어서 침울한 성격이에요.

② 어려운 사람을 헌신적으로 돌보는 성격이에요.

③ 다른 사람들과 어울리는 것을 좋아하고 활발해요.

④ 자신이 원하는 대로 하는 권위적인 성격이에요.

📁 매체 활용 (8일차)

6 다음 책의 표지를 보고, 알 수 있는 내용이 <u>아닌</u> 것을 고르세요. ( )

우리 먹거리를 위해 노력한
과학자 우장춘

메가하우스

① 우장춘에 대한 내용을 담은 책이에요.

② 우리 먹거리 벼, 무와 관련 있는 사람이에요.

③ 책을 낸 출판사는 '메가하우스'라는 곳이에요.

④ 우장춘의 직업은 농부예요.

등불을 든 하얀 옷의 천사

"나는 일생을 의롭게 살며 간호직에 최선을 다할 것을 하느님과 여러분 앞에 선서합니다. 나는 간호를 받는 사람들의 안녕을 위하여 헌신하겠습니다."

간호사들이 간호학 수업을 마치고 실습을 나가기 전에 하는 '나이팅게일 선서'의 일부야. 간호사로서의 윤리와 간호 원칙을 담고 있는데, 의사들이 히포크라테스 선서를 하는 것과

▲ 나이팅게일 선서를 하고 있는 간호사들

비슷해. 이 선서는 1893년 미국에서 간호의 선구자인 나이팅게일의 정신을 기리기 위해 만들어졌어. 나이팅게일 선서를 할 때 간호사들이 손에 드는 촛불은 주변을 비추는 봉사와 희생 정신을, 흰 가운은 이웃을 따뜻하게 돌보는 간호 정신을 뜻해.

완두콩 연구로 알아낸 유전 법칙

▲ 둥근 모양의 완두콩

부모의 성격, 모습 등이 자손에게 전해지는 것을 '유전'이라고 해. 유전의 법칙을 처음 발견한 멘델의 직업은 과학자가 아니라 수도사였어. 멘델은 수도원에서 완두콩을 십여 년간 재배하면서 유전의 법칙을 발견했어.

유전 법칙 중에 '우성과 열성의 법칙'이 있어. 다른 모양, 다른 성질의 완두콩을 교배했을 때, 다음 세대에 나타나는 모양과 성질을 '우성', 나타나지 않는 성질을 '열성'이라고 하지. 예를 들어 둥근 완두콩과 주름진 완두콩을 교배하면 다음 세대에는 둥근 완두콩만 나오는데, 둥근 모양이 우성이기 때문이야.

우장춘 박사는 이런 유전 법칙을 기본으로 배추와 양배추를 교배해서 유채라는 새로운 식물을 만들었어. 다른 종끼리도 교배가 가능하다는 것을 증명한 거야.

남을 도우면 왜 기분이 좋을까?

▲ 몸이 불편한 사람을 돕는 자원봉사자

1998년 미국 하버드 대학교에서는 남을 돕는 활동을 하거나, 선한 행동을 보기만 해도 인체를 바이러스로부터 보호하는 면역 기능이 높아진다는 연구 결과를 발표했어. 머더 테레사에 대한 영화를 본 후에 사람의 침에 들어 있는 면역 물질의 수치가 크게 증가했다는 거지. 이러한 정신적, 신체적 변화를 '머더 테레사 효과'라고 해.

2주

미국의 한 내과 의사는 남을 돕고 나면 몸과 마음에 긍정적인 변화가 나타난다는 사실을 의학적으로 증명하기도 했어. 봉사 활동을 하고 난 뒤에는 기분 좋은 상태가 여러 날 동안 지속되고, 사람 뇌에서 나오는 기분 좋아지는 물질인 엔도르핀도 3배 이상 증가한대.

톤즈 사람들의 마음을 치유한 브라스 밴드

▲ 이태석 신부와 브라스 밴드

"총과 무기를 녹여서 트럼펫과 클라리넷을 만들고, 톤즈에서 수십 년간 들려오던 총소리 대신 아름다운 음악 소리가 울려 퍼지면 얼마나 좋을까요?"

이태석에게 클라리넷을 배운 원주민 소년은 이런 글을 썼어.

이태석은 어린 시절부터 음악을 공부했는데 작곡도 잘하고 오르간, 첼로, 색소폰, 클라리넷도 연주할 줄 알았지. 그는 톤즈의 원주민들을 모아서 브라스 밴드를 만들고 한 명 한 명에게 악기 연주를 가르쳤어. 브라스 밴드의 음악은 톤즈를 넘어 수단 전체에 울려 퍼졌고, 전쟁으로 상처받은 톤즈 사람들의 마음까지 치유해 주었어.

오드리 헵번
고통받는 아이들의 천사가 되다

영화 〈로마의 휴일〉에서 흰 원피스에 스카프를 한, 짧은 머리의 앤 공주는 전 세계 사람들의 사랑을 받았어요. 앤 공주를 연기한 배우는 바로 오드리 헵번이에요.

〈로마의 휴일〉, 〈티파니에서 아침을〉 등 여러 영화에서 활약했던 오드리 헵번은 영화 배우를 그만두고 남은 생은 봉사를 하며 보냈어요. 그녀의 영화 속 화려한 모습도 물론 아름답지만, 주름 가득한 얼굴로 아프리카 아이들과 함께 웃고 있는 소박한 모습은 더욱 아름답게 보인답니다.

1988년, 오드리 헵번은 유니세프의 친선 대사가 되어 세계 곳곳을 다니며 가난과 질병에 시달리는 어린이들의 모습을 세상에 알렸어요. 유니세프는 전 세계 어린이를 돕는 일을 하는 국제기구예요. 그녀가 봉사 활동을 위해 간 곳은 수단, 에티오피아, 방글라데시 등 50여 곳이 넘어요.

1992년, 전쟁이 일어난 아프리카 소말리아의 상황은 어떤 지역보다 더 참혹했어요. 전쟁으로 인해 많은 어린이가 고통받고 있었고, 죽은 어린이들은 자루에 담긴 채 땅에 묻혔어요. 오드리 헵번은 암 투병 중에도 최선을 다해 사람들에게 호소했어요.

"어린이 한 명을 구하는 것은 축복입니다. 어린이 백만 명을 구하는 것은 신이 주신 기회입니다."

오드리 헵번의 이 말은 전 세계 신문의 헤드라인이 되었고 소말리아 어린이들에게 도움의 손길이 쏟아졌어요. 유니세프에서는 그녀의 활동을 기념하기 위해 '오드리 헵번 인도주의상'을 만들기도 했답니다.

배우
오드리 헵번 벨기에(1929~1993년)

벨기에 출신의 세계적인 여배우. 배우 활동을 은퇴한 이후에는 유니세프 친선 대사로 활동하며 인권 운동과 봉사 활동으로 남은 생을 보냄.

1929	1955	1962	1988	1992
벨기에에서 태어남.	영화 〈로마의 휴일〉에 출연함.	영화 〈티파니에서 아침을〉에 출연함.	유니세프 친선 대사로 아프리카 등을 방문함.	소말리아에서 구호 활동을 함.

1 오드리 헵번에 대한 설명으로 **틀린** 것을 고르세요.   (   )

① 영화배우로 활동할 때 세계적으로 인기를 끌었어요.

② 유니세프 친선 대사로 활동하며 봉사 활동을 했어요.

③ 수단, 에티오피아 등 여러 곳에서 영화를 촬영했어요.

④ 소말리아의 어린이들을 도와줄 것을 전 세계에 호소했어요.

2 오드리 헵번에 대한 글을 읽고, 빈칸에 들어갈 말을 쓰세요.

> 1988년에는 [   ][   ][   ][   ] 의 친선 대사가 되어 세계 곳곳을 다니며 가난과
>
> 질병에 시달리는 어린이들의 모습을 세상에 알렸어요.

3주

3 오드리 헵번에 대한 설명으로 맞으면 ○표, 틀리면 X표 하세요.

(1) 오드리 헵번은 영화계를 은퇴한 이후 유니세프 친선 대사로 활동했어요.   (   )

(2) 오드리 헵번은 암 투병 중일 때에는 봉사 활동을 잠시 쉬었어요.   (   )

(3) 유니세프에서는 오드리 헵번의 이름을 딴 상을 만들었어요.   (   )

4 오드리 헵번에게 일어난 일의 순서에 맞게 번호를 쓰세요.

〈로마의 휴일〉을 촬영함.	오드리 헵번 인도주의상이 만들어졌음.	유니세프 친선 대사가 됨.	아프리카 소말리아에서 봉사 활동을 함.
( )	( )	( )	( )

💡 **어휘 풀이**

- **유니세프** 1946년 개발에 뒤처진 나라의 아동의 복지 향상을 위하여 만들어진 국제기구.
- **친선 대사** 서로의 좋은 관계를 유지하기 위하여 일을 맡긴 사람.
- **투병** 병을 고치려고 병과 싸움.
- **호소** 억울하거나 딱한 사정을 남에게 정성스럽게 알림.
- **헤드라인** 신문, 잡지 등에서 주요 기사에 다는 제목 또는 그 주요 기사.

앤드루 카네기

철강왕, 사회에 재산을 기부하다

엄마를 따라 식료품 가게에 간 카네기는 탐스러운 체리 상자 앞에 섰어요. 먹고 싶다는 듯 체리를 보고 있는 카네기에게 주인 할아버지는 한 줌 집어 먹으라고 말했어요. 하지만 카네기는 말없이 가만히 서 있을 뿐이었어요. 그러자 할아버지가 체리를 한 움큼 집어 내밀었어요. 나중에 어머니가 가만히 서 있었던 이유를 묻자 카네기가 답했어요.

"할아버지 손이 제 손보다 훨씬 크니까요."

카네기의 경제 감각이 남달랐음을 알려 주는 일화예요. 스코틀랜드에서 살았던 그의 가족은 가난을 벗어나기 위해 1848년 미국의 피츠버그로 이민을 갔어요. 카네기는 전보 배달원 등 아르바이트를 전전하다가 1853년 철도 회사에 취직하게 돼요.

일하면서 번 돈으로 그는 운송 회사, 석유 회사 등에 투자해 큰 이익을 얻었고, 37살의 나이에 철강 회사를 설립했어요. 철강 수요가 늘어나면서 회사는 나날이 성장하였고, 당시 미국 철강 생산의 4분의 1 이상을 차지할 정도로 큰 기업이 되었어요.

회사 경영에서 은퇴한 후 카네기는 교육과 문화 사업에 집중했지요. 그리고 세상을 떠날 때까지 대학을 설립하고, 미국 전체에 2,500여 개의 공공도서관을 짓고, 많은 재산을 기부했어요. 그는 한창 일할 때는 재산을 모으고, 나중에는 그 돈을 사회를 위해 써야 한다는 신념을 갖고 있었어요.

"부자로 죽는 것은 불명예스러운 일이다."

'철강왕'으로 불린 위대한 기업가, 카네기가 남긴 좌우명이에요.

기업가	미국의 기업가이자 자선 사업가. 카네기 철강 회사를 설립하여 큰 부를 쌓았으며 이후 교육과 문화 사업에 헌신하여 사회적으로 존경을 받았음.

앤드루 카네기
미국(1835~1919년)

1835	1848	1872	1889	1902
스코틀랜드에서 태어남.	가족과 함께 미국으로 이민을 감.	철강 회사를 세움.	카네기 철강 회사를 만듦.	카네기 협회 세움.

1 카네기가 주인 할아버지가 체리를 집어 줄 때까지 기다린 이유를 고르세요. (   )

① 체리를 먹고 싶은 생각이 없어서

② 체리를 집으면 돈을 내라고 할까 봐

③ 어머니가 예절을 잘 지키도록 교육했기 때문에

④ 할아버지가 집어 주면 체리를 더 많이 얻을 수 있어서

2 카네기에 대한 설명으로 <u>틀린</u> 것을 고르세요. (   )

① 스코틀랜드에서 미국으로 유학을 왔어요.

② 철도 회사를 그만두고 철강 회사를 세웠어요.

③ 아르바이트를 전전하다가 철도 회사에 취직했어요.

④ 운송 회사, 석유 회사에 투자해 이익을 얻었어요.

3주

3 카네기가 했던 교육과 문화 사업이 <u>아닌</u> 것을 고르세요. (   )

① 도서관을 지었어요.   ② 대학을 만들었어요.

③ 철강 사업을 했어요.   ④ 재산을 기부했어요.

4 글을 읽고, 가장 비슷한 뜻을 가진 말을 고르세요. (   )

> "부자로 죽는 것은 불명예스러운 일이다."

① 사람은 부자가 되어서는 안 된다.

② 부자가 되면 사회를 위해 기부해야 한다.

③ 모은 재산은 자손에게 물려주어야 한다.

④ 부자가 되지 못하는 것은 부끄러운 일이다.

💡 **어휘 풀이**

- **일화** 세상에 널리 알려지지 않은 흥미로운 이야기.
- **전보** 문자를 전기 신호로 바꾸어 보내는 통신이나 통보.
- **전전하다** 이리저리 굴러다니거나 옮겨 다니다.
- **투자** 이익을 얻기 위해 어떤 사업에 미리 돈을 대거나 주식을 사는 일.
- **좌우명** 자기 삶의 길잡이로 삼아 늘 간직해 두는 말이나 문구.

앤 설리번

참된 교육을 통해 삶을 변화시키다

앤 설리번은 5살 무렵 걸린 병으로 시력이 약해지고 있었어요. 8살에는 어머니와 동생을 결핵으로 잃고 말았지요. 그 충격으로 앤 설리번의 성격은 난폭하고 공격적으로 변해 갔어요.

이를 안타깝게 여긴 간호사 로라는 앤 설리번을 돌보아 주고 교육을 받을 수 있게 도와주었어요. 로라의 헌신 덕분에 앤 설리번은 1886년 퍼킨스 시각 장애인 학교를 졸업했고, 수술을 받아 시력도 회복할 수 있었어요. 앤 설리번은 자신이 받은 사랑과 도움에 감사하며 진심으로 다른 이를 돕고 싶어 했어요.

학교를 갓 졸업한 앤 설리번은 헝클어진 머리에 흙투성이 옷을 입은 7살의 헬렌 켈러와 처음 만났어요. 헬렌 켈러는 보지도 듣지도 말하지도 못하고, 아무것도 배우려고 하지 않는, 거칠고 응석이 심한 아이였어요. 단어 하나를 가르치는 데 며칠이 걸릴 정도로 힘들었지만, 앤 설리번은 포기하지 않고 사랑과 헌신으로 가르치고 또 가르쳤지요.

"선생님은 물이 뿜어져 나오는 수도꼭지 아래에 내 손을 갖다 대셨다. 차디찬 물줄기가 손에 쏟아져 흐르는 가운데 선생님은 다른 한 손에는 '물'이라고 쓰셨다."

헬렌 켈러는 앤 설리번 선생님의 도움으로 '언어'라는 존재를 처음 알게 된 기적 같은 순간에 대해 이렇게 썼어요.

앤 설리번의 노력 덕에 헬렌 켈러는 예절을 배우고, 글을 쓰고, 학교도 다닐 수 있었어요. 그녀는 보지도 듣지도 못하는 헬렌 켈러를 훌륭한 작가로 키워 낸 참된 교육자였답니다.

교육자

앤 설리번
미국(1866~1936년)

헬렌 켈러의 선생님으로 유명한 미국의 교육자. 시청각 장애를 가지고 있던 헬렌 켈러를 인내심과 사랑의 힘으로 교육하여 훌륭하게 인도하였음.

1866	1880	1887	1889	1955
미국에서 태어남.	퍼킨스 시각 장애인 학교에 입학함.	헬렌 켈러의 교사가 됨.	헬렌 켈러와 함께 래드클리프 대학에 입학함.	헬렌 켈러가 쓴 전기 《나의 스승 설리번》이 출간됨.

1   앤 설리번의 어린 시절에 대한 설명으로 **틀린** 것을 고르세요.   (   )

① 어렸을 때 어머니와 동생을 결핵으로 잃었어요.

② 5살 때 걸렸던 병으로 인해 시력이 약해졌어요.

③ 수술을 받지 못해 시력을 회복할 수 없었어요.

④ 퍼킨스 시각 장애인 학교를 졸업하였어요.

2   앤 설리번에 대한 설명으로 맞으면 ○표, 틀리면 X표 하세요.

(1) 앤 설리번은 헬렌 켈러에게 글을 가르쳐 주었어요.   (   )

(2) 앤 설리번은 시각 장애인 학교를 졸업하고 헬렌 켈러와 처음 만났어요.   (   )

(3) 헬렌 켈러는 처음부터 앤 설리번 선생님에게 열심히 배우려고 했어요.   (   )

3주

3   앤 설리번에 어울리는 말을 모두 찾아 색칠하세요.

| 응석 | 교육자 | 인내심 | 이기심 |

4   앤 설리번에 대한 글을 읽고, 빈 곳에 알맞은 말을 쓰세요.

> 앤 설리번은 보지도 듣지도 말하지도 못하는 헬렌 켈러를 포기하지 않고 가르쳤어요.
>
> 헬렌 켈러가 처음으로 배운 언어는 '_____'이라는 단어였어요.

💡 **어휘 풀이**

- **결핵** 결핵균에 감염되어 일어나는 만성 전염병.
- **시각 장애인** 태어날 때부터, 혹은 나중에 시각에 이상이 생겨 앞을 보지 못하는 사람.
- **응석** 어른에게 어리광을 부리거나, 귀여워해 주는 것을 믿고 버릇없이 구는 일.
- **참되다** 거짓이나 꾸밈이 없다. 진실하다.

알베르트 슈바이처
평생을 의사로 봉사하며 살다

목사인 아버지를 둔 슈바이처의 집은 풍족한 편이었어요. 반면 마을의 친구들은 가난해서 고기 수프도 마음껏 못 먹고 추운 겨울에 외투도 입지 못했어요.

'나만 이렇게 행복해도 되는 것일까?'라는 의문을 품었던 슈바이처는 가난과 질병에 시달리는 사람들을 평생 도우며 살기로 했어요. 목사가 되고 난 뒤, 우연히 아프리카 콩고 선교회에 봉사자가 필요하다는 기사를 본 슈바이처는 봉사를 자신의 사명이라고 생각했어요. 그리고 의사가 되어 사람들에게 더 많은 도움을 주겠다고 결심했어요.

"나는 앞으로의 내 삶을 질병과 가난에 허덕이는 아프리카 흑인들을 위해 바치기로 했습니다. 그러기 위해서 우선 의사가 되려고 합니다."

슈바이처는 1905년 서른 살의 늦은 나이에 의학 공부를 시작하면서, 가족에게 이렇게 편지를 보냈어요. 1913년, 의사가 된 슈바이처는 아프리카의 랑바레네로 떠났어요. 당시 아프리카의 의료 환경은 무척 열악했어요. 목사였던 그는 기독교의 가르침에 따라 원주민들을 동등한 존재로 대하며 헌신적인 의료 활동을 펼쳤어요. 병원을 새로 짓고 외과와 내과, 정신과, 피부과도 만들었어요.

슈바이처는 이 공로를 인정받아 1952년에 노벨 평화상을 수상하였고, 그 상금으로 아프리카에 한센병 환자를 돌보는 병원을 지었어요. '흑인의 아버지', 슈바이처는 자신이 평생 봉사한 아프리카의 병원 옆 무덤에 잠들어 있답니다.

의사	의사, 신학자, 음악가. 아프리카의 랑바레네에 병원을 세워 원주민의 의료에 힘쓰고 인류를 위해 평생 봉사하였음.

알베르트 슈바이처
독일, 프랑스(1875~1965년)

1875	1900	1905	1913	1952
알자스-로렌에서 태어남.	신학 박사 학위를 취득함.	의학 공부를 시작함.	아프리카 랑바레네로 떠남.	노벨 평화상을 수상함.

1 슈바이처에 대한 글을 읽고, 빈칸에 알맞은 말을 쓰세요.

> 우연히 아프리카 콩고 선교회에 봉사자가 필요하다는 기사를 본 슈바이처는 [　|　]
>
> 를 자신의 사명이라고 생각했어요.

2 밑줄 친 말과 바꾸어 쓸 수 있는 것을 고르세요.　　　　　　　　(　　　)

> 당시 아프리카의 의료 환경은 무척 <u>열악했어요</u>.

① 나빴어요.　　　　　　　　　　② 충분했어요.

③ 좋았어요.　　　　　　　　　　④ 더러웠어요.

3 슈바이처에 대해 바르게 말한 아이를 찾아 이름에 ◯표 하세요.

찬경　　슈바이처는 원주민들을 동등한 존재로 대했어.

진아　　노벨 평화상으로 받은 상금은 연주회를 여는 데 사용했어.

범수　　아프리카에서 평생을 보낸 슈바이처는 죽은 후에야 고국에 돌아와 묻혔어.

4 슈바이처가 다음의 일을 언제 했는지 찾아 줄로 이으세요.

아프리카 랑바레네로 떠났어요.	●		●	1905년
노벨 평화상을 수상했어요.	●		●	1913년
의학 공부를 시작했어요.	●		●	1952년

💡 **어휘 풀이**

- **사명** 맡겨진 임무.
- **허덕이다** 힘에 부쳐 쩔쩔매거나 괴로워하며 애쓰다.
- **열악하다** 품질이나 능력, 시설 따위가 매우 떨어지고 나쁘다.
- **동등하다** 서로 같다.
- **공로** 어떤 좋은 일을 이루는 데에 바친 노력.

방정환
어린이날을 만들다

어린이날은 어린이를 아끼고 존중하며, 어린이들이 씩씩하게 자라날 수 있게 하기 위해 만든 기념일이에요. 방정환은 1923년 최초의 어린이 잡지 〈어린이〉를 창간하고 아동 문제 연구 단체 '색동회'를 만들었어요. 그리고 세계 명작을 번역해서 어린이들에게 줄 동화책 《사랑의 선물》을 출간하기도 했어요.

방정환이 처음 만든 어린이날은 5월 1일이었어요. 하지만 일제의 탄압으로 금지되었다가 해방되면서 5월 5일로 바뀌게 되었지요. 방정환은 '어린이'라는 말도 처음으로 썼어요. 어린이를 존중하자는 의미로 '늙은이', '젊은이'와 비슷하게 만든 것이죠.

"모든 인간은 평등하고 존중받아야 한다."

방정환이 어린이에게 관심을 갖게 된 것은 천도교의 영향이 컸어요. 천도교에서는 아이를 때리는 것은 곧 한울님을 때리는 것과 같으므로 아이를 소중히 대해야 한다고 생각했어요. 그런데 불행히도 우리나라는 일제에 나라를 빼앗기고 힘든 삶을 살아가던 때였어요. 학교를 다니는 어린이도 많이 없었고, 대부분 농사일을 하거나 도시로 나가 공장에서 일을 해야 했어요. 그래서 어린이들에게 꿈을 심어 주기 위해 어린이날을 만들었지요.

방정환은 일본에 가서 공부하면서 아동 문화와 아동 예술에 대한 강의를 들었어요. 공부를 마치고 돌아온 방정환은 어린이 문학에 더 많은 관심을 기울였어요. 이를 기리기 위해 방정환 문학상이 만들어졌답니다.

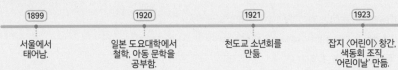

아동 문학가

방정환
대한민국(1899~1931년)

호는 '작은 물결'이라는 뜻의 소파. 1921년 '어린이'라는 단어를 만들고 1923년에는 한국 최초의 어린이날을 만들었음.

1899	1920	1921	1923
서울에서 태어남.	일본 도요대학에서 철학, 아동 문학을 공부함.	천도교 소년회를 만듦.	잡지 〈어린이〉 창간, 색동회 조직, '어린이날' 만듦.

1 방정환이 어린이들을 위해 출간한 동화책의 제목을 쓰세요.

✎ _____

2 방정환에 대해 바르게 말한 아이를 모두 찾아 이름에 ○표 하세요.

수민   어린이도 어른과 똑같이 존중받아야 한다고 생각했어.

우정   기독교의 영향을 받아 어린이날을 만들었어.

정호   일제의 탄압으로 힘든 아이들에게 꿈을 심어 주기 위해 노력했어.

3주

3 방정환이 한 일이 <u>아닌</u> 것을 고르세요.   (   )

① 독립신문을 만들었어요
② '어린이'라는 말을 만들었어요.
③ 처음으로 '어린이날'을 만들었어요.
④ 아동 문제 연구 단체 '색동회'를 만들었어요.

4 글을 읽고, 빈칸에 알맞은 말을 쓰세요.

은 어린이를 아끼고 존중하며, 어린이들이 씩씩하게 자라날

수 있게 하기 위해 방정환이 만든 기념일이에요.

💡 **어휘 풀이**

• **창간** 신문, 잡지 따위의 정기 간행물의 첫 번째 호를 펴냄.
• **탄압** 무력이나 권력으로 많은 사람을 강제로 억누르는 것.
• **천도교** 최제우가 세운 '동학'에서 이름을 바꾼 한국 종교. '한울님'을 믿음.
• **강의** 학문이나 기술의 일정한 내용을 체계적으로 설명하여 가르침.

11일차 12일차 14일차 15일차

1 다음 인물이 한 말 중, 말한 의도가 <u>다른</u> 하나를 고르세요. (   )

① 방정환: 모든 인간은 평등하고 존중받아야 합니다.

② 카네기: 할아버지 손이 제 손보다 훨씬 크니까요.

③ 오드리 헵번: 어린이 백만 명을 구하는 것은 신이 주신 기회입니다.

④ 슈바이처: 나는 내 삶을 아프리카 흑인들을 위해 바치기로 했습니다.

14일차

2 다음 글에서 '맡겨진 임무'를 뜻하는 낱말을 찾아 ○표 하세요.

> 슈바이처는 봉사를 자신의 사명이라고 생각했어요. 그리고 의사가 되어 사람들에게 더 많은 도움을 주겠다고 결심했어요.

12일차

3 다음 글에서 짐작할 수 있는 카네기의 성격으로 맞는 것을 고르세요. (   )

> 먹고 싶다는 듯 체리를 보고 있는 카네기에게 주인 할아버지는 한 줌 집어 먹으라고 말했어요. 하지만 카네기는 말없이 가만히 서 있을 뿐이었어요. 그러자 할아버지가 체리를 한 움큼 집어 내밀었어요. 나중에 어머니가 가만히 서 있었던 이유를 묻자 카네기가 답했어요.
> "할아버지 손이 제 손보다 훨씬 크니까요."

① 먹는 것에 욕심이 많아요.

② 가게의 사정을 배려할 줄 알아요.

③ 어른에 대한 예의를 지킬 줄 알아요.

④ 자신의 이익을 판단하는 경제 감각이 좋아요.

(15일차)

4 글을 읽고, 빈칸에 들어갈 알맞은 말을 쓰세요.

> ☐☐☐☐은 어린이를 아끼고 존중하며, 어린이들이 씩씩하게 자라날 수 있게 하기 위해 만든 기념일이에요. 방정환은 1923년 최초의 어린이 잡지 〈어린이〉를 창간하고 아동 문제 연구 단체 '색동회'를 만들었어요. 그리고 세계 명작을 번역해서 어린이들에게 줄 동화책 《사랑의 선물》을 출간하기도 했어요.

✎ _____

(13일차)

5 다음 글을 읽고, 빈칸에 알맞은 말을 써넣어 중심 내용을 완성하세요.

3주

> "선생님은 물이 뿜어져 나오는 수도꼭지 아래에 내 손을 갖다 대셨다. 차디찬 물줄기가 손에 쏟아져 흐르는 가운데 선생님은 다른 한 손에는 '물'이라고 쓰셨다."
> 헬렌 켈러는 '언어'라는 존재를 처음 알게 된 기적 같은 순간에 대해 이렇게 썼어요.

헬렌 켈러가 처음으로 ☐☐를 알게 된 순간

📷 **매체 활용** (11일차)

6 다음 일기를 읽고, 알 수 <u>없는</u> 내용을 고르세요. ( )

> ○○○○년 ○○월 ○○일
>
> 오늘 엄마와 함께 오드리 헵번이 나오는 옛날 영화 〈로마의 휴일〉을 보았다. 공주지만 공주가 아닌 척하고 로마 시내를 돌아다니는 모습이 즐거워 보였다. 아이스크림을 먹는 장면에서는 나도 나중에 꼭 로마에 가서 먹어 보고 싶다는 생각을 했다.
>
> 영화를 보고 나서 엄마가 오드리 헵번이 봉사도 열심히 한 훌륭한 사람이라고 이야기해 주셨다. 나도 커서 그런 사람이 되고 싶다.

① 엄마와 함께 영화를 봤어요.
② 영화에는 오드리 헵번이 나왔어요.
③ 영화를 보고 난 후 실제로 로마에 갔어요.
④ 영화 주인공처럼 훌륭한 사람이 되고 싶다고 생각했어요.

전 세계 어린이를 돕는 유니세프

아프리카에서는 매일 수백 명의 사람들이 굶어 죽어 가고 있어. 계속된 가뭄과 홍수, 전쟁으로 인해 땅이 메말라 농사를 지을 수가 없기 때문이지. 그래서 세계 여러 나라에서는 아프리카 사람들을 돕기 위해 직접 가서 봉사 활동을 하기도 하고, 돈을 모금하기도 해. 우리가 4,000원을 기부하면 아프리카의 한 아이

▲ 유니세프의 구호 활동

가 한 달 동안 먹을 수 있는 옥수수 가루를 살 수 있다고 해.

유엔이 운영하는 '유니세프'는 전 세계 어린이를 돕기 위해 만든 국제기구야. 베트남, 파키스탄, 수단, 에티오피아 등 가난하고 어려운 나라의 어린이들을 보호하는 일을 하고 있어. 굶주리는 아이들에게 먹을 것을 주고, 예방 주사를 맞히고, 깨끗한 물을 공급하거나 공부를 가르치기도 해.

전 세계 음악인들의 꿈의 무대, 카네기 홀

▲ 카네기 홀

뉴욕에 있는 카네기 홀을 지은 사람은 바로 철강왕 카네기야. 어느 날 카네기는 여객선에서 우연히 지휘자 월터 담로시와 만났어. 담로시가 뉴욕에 공연장이 필요하다고 이야기하자, 예술에 관심이 많았던 카네기가 200만 달러를 흔쾌히 내놓으며 멋진 공연장을 지어 보라고 했어.

1891년, 공사를 시작한 지 7년 만에 카네기 홀이 완공되자 세계적인 작곡가 차이콥스키가 축하 공연을 해서 큰 화제가 됐지. 카네기 홀은 전 세계 음악가들이 그리는 '꿈의 무대'야. 카네기 홀에서 공연했다는 건 바로 세계적인 음악가가 되었다는 뜻이야.

헬렌 켈러, 장애를 극복하고 말을 하다

▲ 헬렌 켈러와 앤 설리번

헬렌 켈러는 자신과 비슷한 처지의 장애인들의 인권을 위해 세계 여러 곳에 강연을 다니고는 했어. 그런데 말 못하던 헬렌 켈러는 어떻게 강연을 했을까?

헬렌 켈러는 수어를 익힌 지 몇 년이 지나고, 노르웨이의 한 소년이 손가락으로 입술을 만지면서 말을 배웠다는 이야기를 들었어. 그리고 자신도 말을 배워야겠다고 결심했지. 헬렌 켈러는 노르웨이의 소년과 같은 방법으로 영어의 음을 배웠고, 단어를 말하고, 문장을 말하게 되었어. 보지도 듣지도 말하지도 못했던 헬렌 켈러가 드디어 말을 하게 된 거야.

"나는 눈과 귀와 혀를 빼앗겼지만, 내 영혼을 잃지 않았기에, 그 모든 것을 가진 것이나 마찬가지입니다."

사람이 곧 하늘이다

천도교는 조선 후기 무렵, 최제우가 만든 동학에서 기원한 종교야. 3대 교주 손병희는 동학을 일본이 이용할 것을 걱정해 종교 단체로 재정비하고 이름도 '천도교'로 바꿨어. 천도교는 인쇄소인 '보문사'를 만든 후 출판 교육 등의 문화 운동을 했고, 우리나라 사람들이 근대 문물을 접할 수 있게 도왔어.

▲ 천도교 중앙대교당

천도교의 기본 교리는 동학과 똑같아. 성별, 신분, 나이에 상관없이 사람은 모두 평등하다고 여겼어. 어린이날을 만든 방정환 선생은 천도교 신도였어. 사람을 모두 평등하게 대하는 천도교 사상에 따라 어린이를 위한 여러 문화와 교육이 필요하다고 여겼어. 그래서 어린이날도 만들고, 어린이 잡지도 만든 거지.

마리아 몬테소리

놀이로 아이를 가르치다

세계적으로 널리 활용되는 몬테소리 교육은 한 여성으로부터 시작되었어요. 마리아는 대학 졸업 후 로마 정신 병원의 보조 의사로 일했어요. 여기서 지적 장애 아이들이 제대로 된 치료도 없이 동물처럼 갇혀 있는 환경을 목격했어요.

아동 교육에 관심이 많았던 마리아는 어느 날 바닥에 떨어진 부스러기를 만지작거리면서 노는 한 지적 장애 아동을 발견했어요. 아무것도 하지 않을 때와 다르게, 아이는 눈을 반짝이며 집중하고 있었어요. 마리아는 아이의 감각과 행동이 조금씩 좋아지는 것을 관찰하였고, 지적 장애 아동들을 위한 특수 장난감을 만들어 놀게 했어요.

이 놀이를 통해 산만하던 아이들의 집중력이 좋아졌고, 자신의 의사를 제대로 표현하기 시작했어요. 많은 지적 장애 아동의 지능이 크게 향상되었고 그중 일부는 초등학교 6학년 수준의 시험에 합격하기도 했어요. 이것이 몬테소리 교육의 시작이었죠.

"어린이는 모든 것에 호기심이 많고, 놀라울 정도의 집중력이 있으며, 스펀지가 물을 흡수하듯이 모든 것을 흡수할 준비가 되어 있다."

마리아는 자신의 책에 이렇게 썼어요. 이런 생각으로 1907년에 로마에서 가장 가난한 동네에 빈민을 위한 유치원 '어린이의 집'을 열고 3~6세 아이들에게 몬테소리 교육법을 실천했어요.

노벨 평화상 후보에 여러 번 올랐던 마리아는 '자신이 한 일은 아무것도 없으며 이 모두가 어린이들이 보여 준 것'이라며 상을 양보하기도 했지요.

교육자
마리아 몬테소리 이탈리아(1870~1952년)

이탈리아의 교육자. 빈민가 어린이를 위한 유치원 '어린이의 집'을 열어 몬테소리 교육법을 실천하였음.

1870	1892~1896	1897	1907	1949
이탈리아에서 태어남.	로마대학교 의학을 전공함.	정신 병원에서 보조 의사로 근무함.	'어린이의 집'을 세움.	노벨 평화상 후보에 오름.

1 몬테소리 교육법과 관련 있는 것을 모두 찾아 ○표 하세요.

호기심	약	장난감	놀이

2 마리아가 한 일의 순서에 맞게 번호를 쓰세요.

노벨 평화상 후보에 올랐어요.	빈민을 위한 '어린이의 집'을 세웠어요.	로마 정신 병원의 보조 의사로 일했어요.	지적 장애 아동을 위한 놀이 교육을 실천했어요.
(　　　)	(　　　)	(　　　)	(　　　)

4주

3 마리아가 지적 장애 아동을 교육했던 방법을 모두 고르세요. 　　　(　　,　　)

① 놀이로 교육했어요.　　　　　　② 병원에 가둬 두었어요.

③ 시험을 많이 쳤어요.　　　　　　④ 특수 장난감을 이용했어요.

4 밑줄 친 낱말과 바꾸어 쓸 수 있는 말을 고르세요. 　　　(　　　)

> 놀이를 통해 <u>산만하던</u> 아이들의 집중력이 좋아졌고, 자신의 의사를 제대로 표현하기 시작했어요.

① 게으른　　　　　　　　　　② 어리석은

③ 지혜로운　　　　　　　　　　④ 어수선한

어휘 풀이

- **지적 장애** 유전적 원인, 또는 후천적 질병으로 인하여 정신의 발달이 뒤져 있는 상태.
- **감각** 보고, 듣고, 냄새 맡고, 맛보고, 느끼는 다섯 가지 능력.
- **산만하다** 어수선하여 질서나 통일성이 없다.
- **의사** 무엇을 하고자 하는 생각.

17 일차

노먼 베순

전쟁터에서 생명을 구하다

캐나다에서 태어난 노먼 베순은 전쟁터에서 많은 생명을 구한 의사예요. 대학 시절 제1차 세계 대전에 참전하여 부상병을 옮기는 일을 하며 전쟁의 참혹함을 겪은 후, 많은 전쟁터에서 의료 봉사를 했어요.

노먼 베순은 의과 대학 졸업 후 미국에서 최초의 개인 병원을 개업하여 많은 돈을 벌었어요. 외과 의사로 크게 성공했지만 명예와 부를 얻는 것으로는 만족스럽지 않았어요. 돈이 없어 치료 시기를 놓친 가난한 환자들을 돕고 싶었기 때문이죠.

'이게 무슨 의사란 말인가? 아픈 환자들이 돈이 없어 치료도 못 받고 쩔쩔매고 있지 않은가? 내가 그들을 위해 해 줄 수 있는 게 대체 무엇인가?'

당시는 의료 제도가 잘 정비되어 있지 않았어요. 환자들을 무상으로 치료해 주기도 했지만 부족한 부분이 많았어요. 노먼 베순은 더 많은 사람들이 의료 혜택을 받을 수 있도록 의료 제도 개혁 운동에 앞장섰어요.

어느 날 노먼 베순에게 스페인 내전에 참여해 의료 지원을 해 달라는 요청이 왔어요. 한 명의 생명이라도 더 구해야 한다는 생각에 그는 기꺼이 전쟁터로 떠났지요. 그 후에는 중국에서 벌어진 중일 전쟁에도 참여했어요.

"의사들이여. 부상병이 찾아오기를 기다리지 말고 먼저 찾아가시오."

전쟁터에서 부상병들을 돌보다 숨을 거둔 노먼 베순은 중국인들에게 '흰 머리의 은혜로운 사람'이라는 뜻의 '백구은'으로 불릴 정도로 지금까지 많은 칭송을 받고 있어요.

의사

노먼 베순
캐나다(1890~1939년)

캐나다 출신의 외과 의사이자 의료 개혁가. 스페인 및 중국의 전쟁터를 누비며 헌신적인 의료 활동을 펼쳤음.

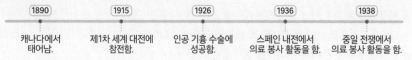

1890	1915	1926	1936	1938
캐나다에서 태어남.	제1차 세계 대전에 참전함.	인공 기흉 수술에 성공함.	스페인 내전에서 의료 봉사 활동을 함.	중일 전쟁에서 의료 봉사 활동을 함.

1 노먼 베순에 대한 설명으로 <u>틀린</u> 것을 고르세요. (   )

① 외과 의사로 크게 성공했어요.

② '백구은'이라는 이름의 중국 사람이에요.

③ 미국에서 최초로 개인 병원을 개업하였어요.

④ 여러 전쟁에 참여하여 부상병들을 치료했어요.

2 노먼 베순이 참여했던 전쟁이 <u>아닌</u> 것을 고르세요. (   )

① 중일 전쟁

② 스페인 내전

③ 제1차 세계 대전

④ 제2차 세계 대전

4주

3 노먼 베순에 대한 설명으로 맞으면 ○표, 틀리면 X표 하세요.

(1) 일본에서 활동하며 부상병들을 돌본 적이 있어요. (   )

(2) 외과 의사로 크게 성공하지 못해서 전쟁에 참여했어요. (   )

(3) 가난한 사람들이 의료 제도의 혜택을 받을 수 있도록 애썼어요. (   )

4 노먼 베순에 대한 글을 읽고, 빈 곳에 알맞은 말을 쓰세요.

> 노먼 베순은 중국인들에게 '흰 머리의 은혜로운 사람'이라는 뜻의 '_____'
> 으로 불릴 정도로 많은 칭송을 받고 있어요.

어휘 풀이

- **개업** 영업을 처음 시작함.
- **정비** 흐트러진 체계를 정리하여 제대로 갖춤.
- **무상** 무료. 어떤 행위에 대하여 아무런 대가나 보상이 없음.
- **칭송** 칭찬하여 일컬음. 또는 그런 말.

환자들을 사랑으로 돌보다

장기려의 어릴 적 꿈은 의사가 되어 무료로 가난한 사람들을 치료해 주는 것이었어요. 기독교 집안에서 자란 영향도 있었지요. 의과 대학을 수석으로 졸업한 장기려는 평양에서 의사 생활을 시작했어요.

6.25 전쟁이 터지자 장기려는 아내와 5남매를 평양에 둔 채 둘째 아들만 데리고 부산으로 내려왔어요. 처음에는 천막을 치고 형편없는 환경에서 환자들을 치료하다가 나중에는 병원을 세워 하루에 200명이 넘는 가난한 환자들을 돌보았어요.

그때에는 모두가 가난하고 병원도 의사도 부족하던 시절이었어요. 장기려는 돈이 없어 병원비를 내지 못하는 사람들을 못 본 척해 주기도 했어요. 장기려는 병원비가 없어 퇴원하지 못하는 환자에게 차비까지 쥐여 주며 말했어요.

"병원비를 안 내면 퇴원을 시켜 주지 않을 거예요. 밤에 문을 몰래 열어 둘 테니 그때 가세요."

한번은 거지에게 월급을 통째로 주었다가 그 거지가 도둑으로 오해받은 일도 있었어요. 이런 그를 사람들은 '바보 의사'라고 부르며 존경했답니다.

장기려는 1959년에 우리나라 최초로 간 절제 수술에 성공하며 최고의 명예와 지위를 얻었지만 늘 검소하고 겸손했어요. 그는 더 많은 사람들이 골고루 의료 혜택을 누릴 수 있도록 '청십자 운동'을 펼쳤는데, 이는 국민 건강 보험 제도의 모태가 되었어요. 그 공으로 1979년에는 '아시아의 노벨상'이라 불리는 막사이사이 사회 봉사상을 받았답니다.

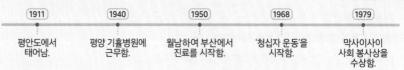

의사

장기려
대한민국(1911~1995년)

의료 활동과 봉사 활동을 펼친 의사로 '한국의 슈바이처'라 불림. 1950년 월남하여 이듬해부터 부산에 복음병원을 세워 가난한 사람들을 진료하였음.

1911	1940	1950	1968	1979
평안도에서 태어남.	평양 기휼병원에 근무함.	월남하여 부산에서 진료를 시작함.	'청십자 운동'을 시작함.	막사이사이 사회 봉사상을 수상함.

1 장기려에 대한 설명으로 **틀린** 것을 고르세요.　　　　　　（　　　　）

① 기독교 집안에서 자랐어요.

② 부산에서 태어나 평생을 살았어요.

③ 의과 대학을 수석으로 졸업하였어요.

④ 우리나라 최초로 간 절제 수술에 성공했어요.

2 병원비를 내지 못하는 환자들에게 장기려가 한 행동으로 맞는 것을 고르세요.（　　　　）

① 병원비를 나중에 받았어요.

② 직원들을 시켜 병원비를 받아 냈어요.

③ 돈을 빌려줘서 병원비를 내게 했어요.

④ 병원 문을 열어 두어 몰래 나가도록 했어요.

3 장기려에 대한 글을 읽고, 빈칸에 알맞은 말을 쓰세요.

> 장기려는 더 많은 사람들이 골고루 의료 혜택을 누릴 수 있도록 ☐☐☐
>
> 운동을 펼쳤는데, 이는 국민 건강 보험 제도의 모태가 되었어요.

4 밑줄 친 부분과 뜻이 비슷한 말을 고르세요.　　　　　　（　　　　）

> 장기려는 돈이 없어 병원비를 내지 못하는 사람들을 <u>못 본 척해 주기도 했어요.</u>

① 못 보기도 했어요.　　　　　　　② 무시하기도 했어요.

③ 보지 않기도 했어요.　　　　　　④ 눈감아 주기도 했어요.

💡 **어휘 풀이**

- **퇴원** 입원했던 사람이 치료를 마치거나 그만두고 병원에서 나오는 것.
- **절제** 잘라 냄.
- **청십자 운동** 장기려 박사가 펼친 의료 제도 개혁 운동.
- **국민 건강 보험** 질병이나 부상을 대비해서 미리 보험금을 모아 두었다가 치료에 필요한 혜택을 누릴 수 있게 하는 제도.
- **모태** 사물이나 일이 발전하는 데 근거가 되는 토대.

침팬지 연구에 평생을 바치다

영국에서 태어난 제인 구달은 어려서부터 동물을 좋아했어요. 어릴 적 그녀는 닭이 어떻게 알을 낳는지 궁금해서 닭장에 몰래 숨어서 다섯 시간을 관찰하기도 했어요. 어머니는 딸이 없어진 줄 알고 경찰에 신고까지 했었죠.

1957년, 23살의 제인 구달은 고생물학자 루이스 박사와 운명적으로 만나요. 루이스 박사는 아프리카 동물들에 관한 그녀의 지식과 열정을 높이 평가하여 침팬지의 행동을 체계적으로 연구해 볼 것을 제안했어요.

제인 구달은 아프리카에 있는 침팬지 보호 구역으로 들어갔어요. 그녀는 매일같이 산을 오르며 침팬지들을 찾아다녔어요. 처음 얼마 동안은 침팬지를 구경조차 할 수 없었어요. 제인 구달은 일부러 언덕 위에 앉아서 침팬지들이 자기 모습에 익숙해지게 했어요. 점차 시간이 지나면서 침팬지들이 가까이 다가오더니 털을 직접 골라 줄 정도로 친근하게 되었어요.

제인 구달의 연구에서 획기적인 발견은 침팬지가 사냥과 육식을 즐기고 도구를 사용한다는 사실이었어요. 침팬지들은 나뭇가지를 구멍에 넣어 흰개미를 잡아먹고, 돌멩이를 사용해 견과류를 으깨기도 했지요. 도구를 제작하고 사용하는 것은 오로지 인간만이 지닌 능력이라는 통념을 바꾸어 놓은 연구였어요.

세계적인 침팬지 연구가 제인 구달은 40여 년을 침팬지들과 함께 생활하였답니다. 나중에는 침팬지 수가 줄어드는 것을 안타깝게 여겨서 동물 보호 운동에도 힘을 쏟았어요.

동물학자

제인 구달
영국(1934년~)

영국의 동물학자이자 환경 운동가. 아프리카에서 40년 넘게 침팬지와 함께 생활하며 침팬지가 육식을 하고 도구를 사용한다는 사실을 밝혀낸 세계적인 침팬지 연구가.

1934	1957	1960	1966	2002
영국에서 태어남.	루이스 박사의 연구에 참여함.	아프리카에서 침팬지 관찰을 시작함.	케임브리지 대학교 박사 학위를 받음.	UN의 평화 특사로 임명됨.

1　글을 읽고, 빈 곳에 들어갈 알맞은 말을 쓰세요.

> 제인 구달은 _____ 연구로 유명한 동물학자예요.

2　제인 구달에 대해 바르게 말한 아이를 찾아 이름에 ○표 하세요.

진규　40여 년을 침팬지와 함께 생활하며 연구했어.

단비　루이스 박사의 제안으로 식물을 연구하게 되었어.

수아　침팬지들을 자연이 아닌 사육장에서 주로 관찰하고 연구했어.

4주

3　제인 구달이 침팬지를 관찰한 내용을 읽고, 빈칸에 알맞은 말을 쓰세요.

> 침팬지들은 나뭇가지를 구멍에 넣어 흰개미를 잡아먹고, 돌멩이를 사용해 견과류를 으
>
> 깨기도 했지요. 침팬지도 인간처럼 ☐☐ 를 제작하고 사용해요.

4　제인 구달이 발견한 침팬지의 특징이 <u>아닌</u> 것을 고르세요.　　　（　　　　　）

① 사냥을 해요.　　　　　　　　② 육식을 해요.

③ 도구를 사용해요.　　　　　　④ 언어를 사용해요.

💡 **어휘 풀이**

- **고생물학자** 주로 화석을 대상으로 고생물을 연구하는 학자.
- **획기적** 어떤 과정이나 분야에서 완전히 새롭고 뚜렷이 구분되는 것.
- **견과류** 단단한 껍데기 안에 보통 한 개의 씨가 들어 있는 나무 열매의 종류.
- **통념** 일반적으로 널리 통하는 개념.

기적을 통해 사랑을 전하다

지금으로부터 약 일만 이천 년 전, 베들레헴의 마구간에서 귀여운 아기가 태어났어요. 그날 밤 천사가 양치기들 앞에 나타나 예수의 탄생을 알렸고, 동방 박사들은 귀한 선물을 가져와 축하했어요. 바로 목수 요셉과 마리아 사이에서 태어난 예수였어요.

예수는 30살에 요단강에서 세례를 받은 후 어머니와 함께 친척의 결혼식에 참석했어요. 그런데 결혼식 잔치에서 포도주가 동이 나 사람들이 당황했어요. 예수는 하인들에게 물통에 물을 부은 후 손님들에게 내어 주라고 했어요. 놀랍게도 물은 포도주로 변해 있었지요. 이것이 바로 예수가 행한 첫 번째 기적이에요.

이후 예수는 갈릴리 지방을 다니며 복음을 전하고, 물 위를 걷는 기적을 행하고, 병자들을 고쳐 주었어요. 또 죽은 지 4일이 된 나사로를 살려 내서 사람들을 놀라게 했어요. 이 이야기를 듣고 많은 사람이 예수를 믿고 따르게 되었어요.

그러자 권력자들은 예수를 위험한 존재로 생각하고, 그를 죽일 음모를 꾸몄어요. 결국 예수는 십자가에 못 박히는 형을 선고받고, 온갖 조롱을 받으며 십자가에서 죽임을 당했지요. 하지만 3일 뒤, 예수가 묻힌 무덤은 놀랍게도 비어 있었어요. 예수를 따르던 사람들은 그가 부활했다고 믿었어요.

"네 원수를 사랑하라."

"한쪽 뺨을 맞으면 다른 쪽 뺨을 갖다 대라."

예수는 이렇게 말하며 무조건적인 사랑을 베풀고 용서를 실천한 성인이에요. '열두 제자'를 비롯해 많은 사람이 예수의 뜻을 따라 기독교를 만들었어요.

성인	
예수 이스라엘	기원전 이스라엘에서 태어나 활동했던 성인. 사랑으로 세상을 구원하고자 부활하였으며 기독교를 창시하였음. 세계 4대 성인 중 한 명.

1 예수와 관련 있는 종교를 고르세요.   (   )

① 불교   ② 유교   ③ 기독교   ④ 힌두교

2 예수가 보여 준 기적이 <u>아닌</u> 것을 고르세요.   (   )

① 물 위를 걸었어요.

② 물을 포도주로 바꾸었어요.

③ 죽은 사람을 살려 냈어요.

④ 원수를 사랑했어요.

3 예수에게 일어난 일의 순서에 맞게 번호를 쓰세요.

동방 박사들이 탄생을 축하했어요.	십자가에 못 박히는 형을 선고받았어요.	결혼식에서 물을 포도주로 만드는 기적을 행했어요.	물 위를 걷는 기적을 행하고, 병자들을 고쳐 주었어요.
( )	( )	( )	( )

4주

4 글을 읽으면서 알맞은 말에 ○표 하세요.

권력자들은 예수를 (훌륭한 / 위험한) 존재로 생각하고, 음모를 꾸며 그를 죽였어요. 하지만 예수가 묻힌 무덤은 (비어 / 그대로) 있었어요.

어휘 풀이

- **동방 박사** 예수가 탄생했을 때 동쪽에서 찾아와 아기 예수에게 경배하고 세 가지 예물을 바친 세 명의 점성술사.
- **동이 나다** 물건 따위가 떨어져서 남는 것이 없게 되다.
- **복음** 예수의 가르침. 또는 예수에 의한 인간 구원의 길.
- **음모** 몰래 좋지 못한 일을 꾸미는 것.
- **선고** 재판장이 판결을 알리는 일.
- **성인** 지혜와 덕이 매우 뛰어나 길이 우러러 본받을 만한 사람.
- **열두 제자** 예수를 따르던 요한, 베드로 등 열두 명의 제자.

16일차 17일차 19일차

1 다음 인물과 관련 있는 것을 보기 에서 모두 찾아 기호를 쓰세요.

보기

| ㉠ 몬테소리 교육 | ㉡ 침팬지 | ㉢ 캐나다 의료 제도 |
| ㉣ 백구은 | ㉤ 지적 장애 아동 | ㉥ 동물학자 |

(1) 마리아 몬테소리　　　(　　　　　　　)

(2) 노먼 베순　　　　　　(　　　　　　　)

(3) 제인 구달　　　　　　(　　　　　　　)

19일차

2 제인 구달이 발견한 침팬지의 두 가지 특징을 읽고, 빈칸에 알맞은 말을 쓰세요.

관찰 내용	침팬지의 특징
흰개미를 잡아먹는다.	사냥과 ☐☐ 을 즐긴다.
견과류를 돌멩이로 으깬다.	사람과 똑같이 ☐☐ 를 사용한다.

20일차

3 글을 읽고, 빈칸에 들어갈 말을 쓰세요.

지금으로부터 약 일만 이천 년 전, 베들레헴의 마구간에서 귀여운 아기가 태어났어요.

그날 밤 천사가 양치기들 앞에 나타나 ☐☐ 의 탄생을 알렸고, 동방 박사들은

귀한 선물을 가져와 축하했어요.

17일차 18일차

4 다음 글의 빈칸에 들어갈 낱말끼리 짝 지어진 것을 고르세요.   (   )

> • 캐나다 사람인 베순은 중국인들에게 '흰 머리의 은혜로운 사람'이라는 뜻의 '백구은'
> 으로 불릴 정도로 많은 ☐☐을 받고 있어요.
> • 장기려는 더 많은 사람들이 골고루 의료 혜택을 누릴 수 있도록 '청십자 운동'을 펼쳤
> 는데, 이는 국민 건강 보험 제도의 ☐☐가 되었어요.

① 기적, 모태   ② 칭송, 모태

③ 기적, 최초   ④ 칭송, 최초

18일차

5 밑줄 친 낱말의 뜻과 반대되는 것을 고르세요.   (   )

> "병원비를 안 내면 퇴원을 시켜 주지 않을 거예요."

① 수속   ② 입원   ③ 치료   ④ 면회

4주

매체 활용
16일차

6 다음 포스터의 내용과 맞지 <u>않는</u> 것을 고르세요.   (   )

우리 유치원은 몬테소리 교육법
에 따라 아이들을 흥미롭게 지도
합니다.
　아이들은 다양한 놀잇감을 가지
고 활동하면서 자연스럽게 감각과
지능이 발달하게 됩니다.
＊ 1차 접수 마감: 1월 30일
＊ 모집 인원: 6세반 30명

① 모집 인원은 6세반 10명이다.

② 1차 접수 마감은 1월 30일까지이다.

③ 유치원에서 원아를 모집하는 광고이다.

④ 몬테소리 교육법에 따라 지도하는 유치원이다.

집에서도 실천할 수 있는 몬테소리 교육

마리아 몬테소리가 개발한 몬테소리 교육은 '아이들은 무한한 호기심과 잠재력이 있다'는 생각에서 출발했어. 교사는 일방적으로 아이를 가르치는 것이 아니라, 다양한 놀이 활동 환경을 제공하고 지켜보는 역할을 담당하지. 몬테소리 교육법에서 무엇보다 중요한 것은 아이가 스스로 원해서 하고, 이를 통해 재미와 즐거움을 느껴야 한다는 것!

특별한 교구 없이도 생활 속에서 실천할 수 있는 몬테소리 교육법은 무척 많아. 주전자로 컵에 물 따르기, 바람에 휴지 날리기, 손가락으로 숫자 세기, 달걀 흰자

▲ 집에서 하는 촉감 놀이

와 노른자 분리하기, 밀가루 촉감 놀이 등등. 아이의 나이와 발달 수준에 맞는 놀잇감을 손으로 조작하고 놀다 보면 저절로 오감과 운동 신경, 두뇌가 발달한다고 해.

캐나다에서 태어나 중국에서 생을 마친 노먼 베순

▲ 중국에 있는 노먼 베순 동상

노먼 베순이 태어난 캐나다 온타리오주에 가면 기념관이 있어. 베순의 아버지가 목사로 부임했던 교회에 딸린 저택으로, 1890년 베순이 태어난 곳이기도 해. 그의 업적을 기리기 위해 캐나다 정부에서 이 집을 사들여 1976년에 베순 기념관을 개관했어. 이 기념관에는 베순의 동상이 있고, 베순과 관련된 비디오 관람도 가능해.

또한 베순이 의료 봉사 활동을 했던 중국에도 그의 흔적은 곳곳에 남아 있어. 중국 지린성에는 베순의 이름을 딴 의과 대학이, 허베이성에는 그를 기리는 동상이 있어. 중국에는 아직도 베순을 존경하는 사람들이 많다고 해.

동물의 행동을 연구하는 동물 행동학

20세기 초에 시작된 '동물 행동학'은 동물의 행동, 학습, 습성, 유전, 환경 등을 관찰하여 동물들이 왜 그런 행동을 하는지 알아내는 학문이야.

오스트리아의 동물학자 프리슈는 꿀벌의 행동을 관찰하여 많은 흥미로운 사실들을 밝혀냈어. 꿀벌은 우리 생각보다 훨씬 더 영리하고 의사소통에 능하다고 해. 예를 들어 다른 꿀벌들에게 자신이 발견한 꽃의 위치를 전할 때, 거리가 가까우면 원형으로 춤을 추고 거리가 멀면 8자를 그리면서 춤을 추지. 이때 먹이와 멀어질수록 춤의 속도는 느려지고 꼬리를 흔드는 횟수는 많아진대.

우리 나라에서는 최재천 교수가 동물 행동학자로 특히 유명해. 그가 쓴 《개미 제국의 발견》이라는 책은 해외에서 더 큰 화제를 모으기도 했어. 최재천 교수는 동물이 사는 모습을 보면 인간의 모습을 추측할 수 있다고 말했어. 개미들은 여럿이 무리를 이루어 협동하며 살아가는데, 혼자서 살아가는 것보다 먹이도 더 쉽게 구할 수 있고, 힘을 합쳐 적도 무찌를 수 있기 때문이야. 인간들이 사회를 이루어 살아가는 이유와 비슷하지.

넓은 의미에서는 조류를 관찰하는 '버드와칭(Bird-watching)'도 동물 행동 연구에 속해. 버드와칭이란 자연 상태에 있는 새를 놀라게 하지 않고 그 모습이나 행동, 울음소리 등을 관찰하며 즐기는 취미야. 멀리 떨어진 곳에서 망원경이나 카메라로 새들을 관찰하는데, 몇 시간이고 꼼짝하지 않고 있어야 하지. 과천에 있는 서울대공원에서는 겨울철에 버드와칭 프로그램을 운영하고 있으니, 기회가 되면 한번 체험해 보는 것도 좋아.

4주

▲ 모여서 함께 이동하는 개미들

윤동주

부끄럼 없는 삶을 살다

"죽는 날까지 하늘을 우러러 한 점 부끄럼이 없기를"

한국인이 가장 사랑하는 시인 윤동주가 쓴 〈서시〉의 한 구절이에요. 윤동주가 살았던 시대는 일제 강점기였어요. 우리나라를 지배했던 일제는 우리말 대신 일본말을 사용하게 했고, 우리말을 쓰면 잡아가기도 했어요.

윤동주는 글쓰기를 좋아해서 밤을 새워 가며 시를 써 내려갔고, 문학잡지에 여러 편의 동시를 발표하기도 했어요. 그리고 민족을 위해 의사가 되기를 바라는 아버지를 설득하여 연희 전문학교 문과에 진학했어요.

'나는 문학의 길을 걸어야 한다. 그 길이 외롭고 긴 가시밭길이라도 한 방울의 피가 남는 그 날까지 별보다 고운 시를 쓰자.'

윤동주가 남긴 다짐이에요. 한편 일제의 탄압은 점점 더 심해져서, 이름까지 일본식으로 바꾸도록 강요했어요. 윤동주는 나라에 대한 걱정으로 잠 못 이루는 밤이 많아졌어요. 〈또 다른 고향〉, 〈별 헤는 밤〉, 〈서시〉 등의 작품에는 이러한 심정이 잘 나타나 있어요. 윤동주는 이 시들을 묶어 시집을 내려고 했지만, 우리말로 된 책은 만들 수가 없었어요.

그 후 일본에서 공부하던 윤동주는 독립운동을 했다는 이유로 체포되었어요. 일본 형사들은 그를 잔인하게 고문했어요. 1945년 2월 윤동주는 감옥에서 짧은 생애를 마쳤어요. 그가 죽은 후 친구들은 윤동주의 시들을 모아 《하늘과 바람과 별과 시》라는 시집을 출간했어요. 그래서 우리가 지금 윤동주의 아름다운 시들을 만날 수 있답니다.

시인
윤동주 대한민국(1917~1945년)

일제 강점기 때의 시인, 독립운동가. 일제에 대항하여 자신의 뜻을 굽히지 않은 시를 썼으며, 일본 유학 중 독립운동 혐의로 체포되어 감옥에서 세상을 떠났음.

1917	1938	1943	1945	1948
만주에서 태어남.	연희 전문학교에 입학함.	독립운동 혐의로 체포됨.	일본 감옥에서 사망함.	유고 시집 《하늘과 바람과 별과 시》가 출간됨.

1 윤동주에 대한 설명으로 <u>틀린</u> 것을 고르세요.   (   )

① 연희 전문학교 문과에 진학했어요.

② 나라를 걱정하며 잠을 이루지 못했어요.

③ 문학잡지에 여러 편의 동시를 발표했어요.

④ 유학 가기 전 우리말로 된 시집을 출간했어요.

2 윤동주가 살았던 시대에 대해 바르게 말한 아이를 모두 찾아 이름에 ○표 하세요.

미영   일제는 독립운동가를 체포하고 고문했어.

강주   이름을 일본식으로 바꾸도록 강요했어.

소희   일본말과 같이 우리말도 쓰게 했어.

5주

3 윤동주가 쓴 시의 제목을 모두 찾아 색칠하세요.

서시	광야	별 헤는 밤	또 다른 고향

4 윤동주의 시를 모아 펴낸 시집의 제목을 쓰세요.

_____

💡 **어휘 풀이**

• **구절** 한 토막의 말이나 글.
• **일제 강점기** 1910~1945년까지 일본에 나라를 빼앗긴 35년간의 시대.
• **전문학교** 일제 강점기에, 중등학교 졸업생에게 전문적인 지식이나 기술을 가르치던 학교. 지금의 대학교.
• **탄압** 권력이나 무력으로 강제로 억누르는 것.
• **고문** 숨기고 있는 사실을 강제로 알아내기 위해 육체적, 정신적 고통을 가하는 것.

전형필
문화재를 지키고 나라를 지키다

일제 강점기에 일본은 우리나라의 주권을 빼앗고 돈이 되는 것이라면 숟가락 하나까지 다 가져갔어요. 또 수많은 도자기와 서화 등 수준 높은 문화재도 닥치는 대로 약탈해 갔지요. 여기에 맞서 우리 문화재를 지키고 보존했던 사람이 바로 전형필이었어요.

와세다 대학에 다니고 있을 때, 전형필은 독립운동가이자 서예가인 오세창을 만난 적이 있어요. 그때 오세창은 고서와 도자기, 서화가 단순한 골동품이 아니라 우리 민족의 정신이 담긴 보물이라고 했어요. 전형필은 이때 문화유산의 진정한 가치를 알아보기 시작했어요.

전형필은 '우리 문화재를 지키는 것이 곧 나라를 지키는 일이다.'라는 신념을 가지고 있었어요. 1936년 신윤복의 《혜원 전신첩》을 일본의 골동품 거상인 야마나카 상회로부터 되찾은 일은 매우 유명해요. 또 고려청자와 조선백자 20점을 비싼 돈을 주고 되찾아 오기도 했어요.

1942년에는 《훈민정음》 해례본을 가진 사람이 나타나 당시 기와집 한 채 값인 1천 원을 달라고 했는데, 전형필은 《훈민정음》 해례본의 값어치는 그보다 훨씬 높다며 1만 원을 주고 사 왔지요.

전형필은 평생 수집한 문화재를 많은 사람이 감상할 수 있도록 1938년 '보화각'이라는 박물관을 열었어요. 그곳이 바로 전형필의 호를 딴 지금의 간송 미술관이에요.

문화재 수집가

전형필
대한민국(1906~1962년)

일제 강점기에 활동한 교육자이자 문화재 수집가. 일본에 빼앗긴 문화재를 되찾고 우리나라 최초의 사립 박물관 보화각(간송 미술관)을 세웠음.

1906	1938	1940	1942	1962
서울에서 태어남.	사립 박물관 보화각을 세움.	동성학원을 세움.	《훈민정음》 해례본을 사들임.	대한민국 문화포장을 받음.

1 전형필이 되찾은 문화재를 모두 찾아 색칠하세요.

신윤복 그림　　　　　　　　김홍도 그림　　　　　　　　고려청자

조선백자　　　　　《훈민정음》 해례본　　　　　다보탑

2 전형필의 신념에 대한 글을 읽고, 빈칸에 알맞은 말을 쓰세요.

우리 문화재를 지키는 것이 곧 [　|　]를 지키는 일이다.

3 전형필이 한 일의 순서에 맞게 번호를 쓰세요.

보화각이라는
박물관을
세웠어요.

《훈민정음》
해례본을
사들였어요.

오세창을 만나
문화재에
관심을 갖게
되었어요.

신윤복의
그림을 야마나카
상회로부터
되찾았어요.

(　　　)　　　(　　　)　　　(　　　)　　　(　　　)

5주

4 글을 읽으면서 알맞은 말에 ○표 하세요.

전형필은 (한글 창제의 원리 / 아름다운 글자)가 담긴 《훈민정음》 해례본에 대해 알게
되었어요. 그는 높은 값어치를 인정하여 기와집 (1채 / 10채) 값에 사들여 소중히 간
직하였어요.

💡 **어휘 풀이**

- **주권** 자주적 독립성을 가진, 국가의 중요한 일들을 결정하는 권력.
- **서화** 글씨와 그림을 아울러 이르는 말.
- **약탈하다** 폭력을 써서 남의 것을 억지로 빼앗다.
- **고서** 오래되어 낡은 책.
- **거상** 밑천(돈)을 많이 가지고 크게 하는 장사. 또는 그런 장수.

야누슈 코르차크
고아들의 아버지로 살다

제2차 세계 대전이 끝날 무렵 나치의 유대인 말살 정책은 더욱 심해졌어요. 폴란드 바르샤바역에서는 매일 수천 명의 유대인을 태운 열차가 출발했고, 열차에 탄 사람들은 가스실에서 죽임을 당했어요. 야누슈 코르차크가 운영하던 고아원에도 군인들이 들이닥쳤어요. 그는 겁에 질린 아이들을 따뜻하게 다독였어요.

"자, 지금부터 우리는 소풍을 가는 거야. 길을 잃지 않도록 줄을 맞춰 가자."

그는 아이들의 손을 잡고 노래를 부르며 함께 열차에 올랐고 결국 가스실에서 아이들과 함께 숨을 거두었어요.

야누슈 코르차크는 전쟁 중에 고아가 된 아이들을 진심을 다해 보살폈던 폴란드의 의사이자 교육자였어요. 그는 어린이의 인격과 인권을 존중해야 한다고 생각했고 이를 실천하기 위해 1912년에 유대인 아동을 위한 '고아들의 집'을, 1919년에 폴란드 아동을 위한 '우리들의 집'을 설립하여 운영했지요.

"어린이는 인간이 되는 과정이 아니라, 이미 하나의 인간이다."

야누슈 코르차크의 고아원에서는 모든 규칙을 아이들 스스로 정하고, 좋아하는 음식도 선택할 수 있었어요. 다툼이나 문제가 생기면 아이들끼리 만든 모의 법정에서 결정하기도 했어요. 야누슈 코르차크의 교육 철학은 1989년 만들어진 '유엔 아동 권리 협약'에 큰 영향을 미쳤지요. 이 협약에는 아이들이 안전하고 행복하게 살아가기 위해 당연하게 누려야 할 권리들이 담겨 있어요.

의사, 교육자

야누슈 코르차크
폴란드(1878~1942년)

폴란드에서 태어난 의사이자 교육자. 어린이 인권에 관심이 많아 고아원을 세워 전쟁으로 고아가 된 아이들을 돌보았음. 아동 교육 관련 책을 다수 출간함.

1878	1905	1912	1919	1929
폴란드에서 태어남.	의사 자격증을 땀.	'고아들의 집' 세움.	'우리들의 집' 세움.	《아이들이 존중받을 권리》를 출간함.

1 야누슈 코르차크에 대한 설명으로 **틀린** 것을 고르세요. 　　　　　(　　　)

① 두 개의 고아원을 운영했어요.

② 폴란드의 의사이자 교육자였어요.

③ 죽는 순간까지도 아이들과 함께했어요.

④ 고아들을 가스실로 안내하는 일을 했어요.

2 야누슈 코르차크가 1912년 유대인 아동을 위해 만든 고아원의 이름을 쓰세요.

_____

3 야누슈 코르차크의 고아원에 대한 설명으로 **틀린** 것을 고르세요. 　　　(　　　)

① 노래는 꼭 손잡고 불렀어요.

② 아이들 스스로 규칙을 정했어요.

③ 각자 좋아하는 음식을 선택했어요.

④ 다툼은 모의 법정을 열어 해결했어요.

5주

4 다음 글을 읽고, 빈칸에 알맞은 말을 쓰세요.

> 유엔 ☐ ☐ ☐ ☐ 협약에는 아이들이 안전하고 행복하게 살아가기 위해
>
> 당연하게 누려야 할 권리들이 담겨 있어요.

💡 **어휘 풀이**

• **나치** 히틀러를 중심으로 1919년에 결성되어 독일 민족 지상주의를 바탕으로 독재를 했던 세력.

• **말살** 어떤 대상을 강제로 아주 없애 버리는 것.

• **다독이다** 남의 약한 점을 따뜻이 어루만져 감싸고 달래다.

• **모의 법정** 교육 훈련을 목적으로 가상의 재판을 하는 것을 말함.

• **유엔 아동 권리 협약** 전 세계 아동들이 마땅히 누려야 할 권리를 보호하기 위해 유엔이 만든 협약.

한국 최초의 추기경이 되다

김수환은 독실한 천주교 집안에서 태어났어요. 그는 신앙심 깊은 어머니의 권유로 사제가 되었어요.

김수환이 안동 성당에서 사제로 일할 때 큰돈을 기부받아 가난한 교인들에게 나눠 줘야 하는 일이 생겼어요. 그런데 사람들에게 돈을 그냥 주면 자존심이 상할까 봐 성당을 보수하는 쉬운 작업을 시키고 그 대가로 주었죠. 그는 도움받는 이들의 마음까지 배려하는 따뜻한 성품을 갖고 있었어요.

신학 공부를 위해 독일에 유학을 간 김수환은 깊은 고민에 빠졌어요.

'공부를 계속해서 박사가 되는 것보다 하루라도 빨리 돌아가 한국 교회의 발전을 위해 일하는 게 낫지 않을까?'

일찍 귀국한 김수환은 신부가 된 지 15년 만에 마산 지역의 주교가 되었어요. 이때 공장 노동자들이 부당하게 해고되는 일이 생기자, 김수환은 그들이 다시 공장으로 돌아갈 수 있도록 많은 애를 썼어요. 김수환은 힘들고 소외된 사람들 속에 머물며, 평생 사랑을 실천하였어요. 그리고 1969년에 한국인 최초로 추기경에 임명되었지요.

1987년 '6월 민주화 운동'이 일어나 많은 시민과 학생들이 명동 성당 앞에 천막을 치고 민주화 시위를 했어요. 경찰들이 시위대를 잡으러 찾아오자 김수환 추기경은 '먼저 나를 밟고 지나가라'고 말했지요. 이처럼 김수환 추기경은 민주화 운동에도 힘썼던, 한국 현대사의 중요한 인물이에요.

종교 지도자

김수환
대한민국(1922~2009년)

한국 가톨릭 역사를 대표하는 한국인 최초의 추기경. 종교 지도자로서도 훌륭하지만, 민주화 운동에도 크게 기여했다는 점에서 한국 현대사의 주요 인물임.

1922	1947	1951	1956	1969
대구에서 태어남.	가톨릭대학에서 신학을 전공함.	사제로 임명됨.	독일 유학을 시작함.	한국인 최초의 추기경이 됨.

1 김수환에 대한 설명으로 <u>틀린</u> 것을 고르세요.   (   )

① 대대로 독실한 천주교 집안에서 태어났어요.

② 해고된 공장 노동자들이 공장으로 돌아갈 수 있도록 애썼어요.

③ 6월 민주화 운동 때 거리로 나가 시위대를 이끌었어요.

④ 대한민국의 민주화 운동에도 힘썼어요.

2 김수환이 한 일의 순서에 맞게 번호를 쓰세요.

마산 지역의 주교가 되었어요.	한국인 최초로 추기경이 되었어요.	한국 교회의 발전을 위해 유학을 갔어요.	민주화 시위를 하는 사람들을 경찰들로부터 지켰어요.
( )	( )	( )	( )

3 경찰들이 시위대를 잡으러 찾아왔을 때, 김수환이 한 행동을 고르세요.   (   )

5주

① 경찰들의 주장에 동의했어요.

② 시위대에게 자수하라고 권했어요.

③ 시위대에게 천막을 없애라고 했어요.

④ 경찰들에게 '먼저 나를 밟고 지나가라'고 했어요.

4 김수환은 1969년 한국인 최초로 무엇에 임명되었는지 쓰세요.

_____

어휘 풀이

- **귀국하다** 외국에 있던 사람이 자기 나라로 돌아가거나 돌아오다.
- **주교** (천주교에서) 한 지역을 관할하는 직위, 혹은 그 직위에 있는 사람.
- **해고** 기업이나 사업장에서 일하던 사람을 내보내는 것.
- **추기경** 로마 가톨릭교회에서, 교황 다음가는 성직.
- **6월 민주화 운동** 1987년 6월에 전국 곳곳에서 일어났던 민주화 운동.
- **시위** 일정한 요구 조건을 내걸고 많은 사람이 행진이나 집회 따위로 자기들의 의사를 나타내는 것.

벤 카슨

샴쌍둥이 분리 수술에 성공하다

두 사람이 한 몸인 것처럼 붙어서 태어난 샴쌍둥이들은 평생 불편하게 살아가는 경우가 많아요. 분리 수술을 할 때 살아남을 확률이 지극히 낮기 때문이지요. 그런데 1997년, 그 어려운 수술을 세계 최초로 성공시킨 의사가 있었어요. 바로 미국의 신경외과 의사, 벤 카슨이에요. 그는 25시간 동안의 긴 수술 끝에 샴쌍둥이의 붙어 있던 머리 부분을 성공적으로 분리하였어요. 수술의 성공으로 벤 카슨은 세계적인 명성을 얻었어요.

어린 시절 벤 카슨은 이혼한 어머니, 형과 함께 미국 빈민가에서 생활했어요. 공부에 관심이 없어서 반에서 꼴찌를 하기도 했고, 주먹질을 하고 다니기도 했어요. 하지만 신앙심이 깊었던 그의 어머니는 벤 카슨을 포기하지 않고 믿어 주었어요.

"벤, 너는 영리한 아이야. 네가 하고 싶은 일은 무엇이든 할 수 있단다. 교육은 네가 가난에서 벗어날 수 있는 유일한 방법이란다."

어머니의 믿음과 피나는 노력 덕분에, 반에서 꼴찌였던 벤 카슨은 예일 대학교에 입학했어요. 그는 대학에서 의학을 공부한 후, 1984년 최연소로 존스 홉킨스 병원 소아 신경외과 과장 자리에 올랐답니다. 그리고 의사로서 탁월한 공로를 인정받아 2008년에는 '대통령 자유 훈장'을 받았어요.

벤 카슨은 은퇴 후에 미국 정치계에서 활발하게 활동하고 있어요. 어려움을 딛고 열심히 노력하여 성공했다는 점과 기독교인으로서의 성실한 태도를 인정받아, 2014년에는 미국인들이 존경하는 인물 6위에 오르기도 했어요.

의사, 정치가

벤 카슨
미국(1951년~)

미국의 신경외과 의사. 어려운 환경 속에서도 노력하여 훌륭한 의사가 되었으며 세계 최초로 샴쌍둥이 분리 수술에 성공하여 세계적인 명성을 얻음.

1951	1969	1984	1997	2008
미국에서 태어남.	예일 대학교에 입학함.	존스 홉킨스 병원 소아 신경외과 과장이 됨.	샴쌍둥이 분리 수술에 성공함.	대통령 자유 훈장을 수상함.

1 벤 카슨에 대한 글을 읽고, 빈 곳에 알맞은 말을 쓰세요.

> _____는 두 사람이 한 몸인 것처럼 붙어서 태어난 쌍둥이로, 분리 수술을 했을 때 살아남을 확률이 매우 낮아요. 그런데 벤 카슨은 이 수술을 세계 최초로 성공했어요.

2 벤 카슨과 관련 있는 것을 모두 찾아 색칠하세요.

| 빈민가 | 모범생 | 의사 | 목사 | 기독교인 |

3 벤 카슨에 대한 설명으로 **틀린** 것을 고르세요. 　　　(　　　)

① 2014년 조사에서 미국인들에게 존경받는 인물에 올랐어요.
② 존스 홉킨스 병원의 소아 신경외과 과장 자리에 올랐어요.
③ 어릴 때부터 공부도 잘하고 성실한 학생이었어요.
④ 예일 대학교에 입학하여 의학을 공부하였어요.

5주

4 벤 카슨이 의사가 될 수 있었던 이유를 고르세요. 　　　(　　　)

① 미국 빈민가 출신이었기 때문에
② 형의 든든한 지원이 있었기 때문에
③ 기독교인으로서의 신앙심이 있었기 때문에
④ 어머니의 믿음과 피나는 노력이 있었기 때문에

💡 **어휘 풀이**

- **샴쌍둥이** 기형적으로 몸의 일부가 붙어서 태어난 일란성 쌍둥이.
- **명성** 세상에 널리 퍼져 평판 높은 이름.
- **주먹질** 주먹으로 때리는 것.
- **최연소** 어떤 집단 가운데에서 가장 적은 나이.
- **신경외과** 뇌, 척수, 말초 신경의 병을 수술로 고치는 의학 분야.

(21일차)

1 다음 글을 읽고, 빈칸에 알맞은 말을 써넣어 중심 내용을 완성하세요.

> '나는 문학의 길을 걸어야 한다. 그 길이 외롭고 긴 가시밭길이라도 한 방울의 피가 남는 그 날까지 별보다 고운 시를 쓰자.'

"나, 윤동주는 어렵지만 ☐☐의 길을 가겠다."

(23일차)(24일차)

2 다음 설명과 관련 있는 인물을 찾아 줄로 이으세요.

전쟁 중에 고아가 된 아이들을
가르치고 보호해 주었어요. •

• 김수환

해고된 공장 노동자들을 도와주었고,
평생 어려운 사람들 곁에 머물렀어요. •

• 야누슈
코르차크

(21일차)(22일차)(25일차)

3 글을 읽으면서 알맞은 말에 ○표 하세요.

(1) 윤동주는 (우리말 / 일본어)로 시를 썼어요.

(2) 전형필은 일제 시대에 (우표 / 문화재)를 열심히 수집하였어요.

(3) 벤 카슨은 세계 최초로 (심장 / 샴쌍둥이) 분리 수술에 성공했어요.

4 다음 글에서 '어떤 집단에서 가장 어린 나이'를 뜻하는 낱말을 찾아 ○표 하세요.

> 피나는 노력 끝에 예일 대학교에서 의학을 공부한 벤 카슨은 1984년 최연소로 존스 홉킨스 병원 소아 신경외과 과장 자리에 올랐답니다.

5 다음 글을 읽고, 빈칸에 들어갈 말을 고르세요.   (   )

> 일찍 귀국한 김수환은 신부가 된 지 15년 만에 마산 지역의 주교가 되었어요. 이때 공장 노동자들이 부당하게 해고되는 일이 생기자, 김수환은 그들이 다시 공장으로 돌아갈 수 있도록 많은 애를 썼어요. 김수환은 힘들고 소외된 사람들 속에 머물며, 평생 ☐☐을 실천하였어요. 그리고 1969년에 한국인 최초로 추기경에 임명되었어요.

① 사랑   ② 약속   ③ 절약   ④ 글쓰기

5주

6 선생님의 설명을 듣고, 윤동주에 대한 생각을 바르게 말하지 <u>않은</u> 아이를 찾아 이름에 ○표 하세요.

> "윤동주는 일제의 민족 말살 정책에 맞선 시인이었어요. 우리말로 시를 써, 우리 민족이 어려움과 어두운 현실을 이겨 내고 희망을 간직하며 살아가기를 바라는 마음을 표현했지요."

민수   일제에 맞서 우리말로 시를 쓰다니 정말 대단해요.

성호   윤동주의 시는 어둡고 쓸쓸해서 희망이 엿보이지 않아요.

아영   윤동주는 시로 일제에 저항한 독립운동가였어요.

세종 대왕, 조선어 학회, 윤동주의 공통점은?

▲ 《훈민정음》 해례본

세종 대왕이 우리말에 처음 붙인 이름은 '훈민정음'이야. 그런데 훈민정음은 언제부터 한글이라고 불리게 되었을까?

1913년에 국어학자 주시경 선생이 어린이 잡지에 '한글'이라는 이름을 처음 썼다고 해. 그리고 1927년 조선어 학회 회원들이 〈한글〉이라는 잡지를 매달 발행하면서 널리 쓰이게 되었지. 또 훈민정음 기념일을 '가갸날'이라고 부르다가 한글날로 바꿔 부르면서 한글이란 이름이 널리 알려지게 되었어.

'한글'은 글 중에 가장 큰(大) 글, 오직 하나(一)인 글이라는 뜻이야. '한강'이 가장 큰 강, 오직 하나인 강인 것처럼 말이지.

일제 강점기 때 일본은 한글을 없애기 위해 말살 정책을 폈어. 한글로는 책을 출판할 수 없었고, 학교에서도 일본어로만 말해야 했고, 이름도 일본어로 바꾸도록 강요했지. 그래서 한글로 시를 쓴 윤동주는 시집을 출간할 수 없었던 거야.

▲ 윤동주 시집

일본이 한글을 없애려고 하자 조선어 학회는 우리말 사전을 만들겠다는 계획을 세웠어. 한글을 없애려고 하는 일본은 조선어 학회 사람들을 감옥에 끌고 가 고문을 하고 죽이겠다고 협박했어. 한글을 사랑하고 한글을 지키려 했다는 이유로 말이야.

▲ 조선어 학회에서 발행한 잡지 〈한글〉

이들의 이야기는 영화로 볼 수 있어. 영화 〈동주〉는 한글로 시를 쓴 윤동주의 이야기를 담고 있고, 영화 〈말모이〉는 한글을 지키려는 조선어 학회 사람들의 노력을 담고 있어. 또 한글 창제를 다룬 드라마 〈뿌리 깊은 나무〉도 있으니까 한번 봐.

우리가 지금도 한글을 편하게 쓰고 있는 것은 한글을 만든 세종 대왕, 한글을 사랑한 시인들, 한글을 지키려고 노력한 사람들 덕분이라는 것 잊지 마!

귀중한 문화재를 만날 수 있는 간송 미술관

▲ 보화각(간송 미술관)

간송 전형필은 평생 수집한 문화재를 한곳에 모아 1938년에 '보화각'이라는 최초의 근대 사립 박물관을 세웠어. 서울 성북구에 위치한 보화각은 전형필이 세상을 떠난 후 그의 호를 따서 '간송 미술관'으로 이름이 바뀌었지.

간송 미술관에서 소장하고 있는 문화재는 옛날 글씨와 그림이 많아. 규모는 작지만, 귀중한 가치를 지닌 문화재들이 많이 있지. '청자 상감운학문 매병',《훈민정음 해례본》, 신윤복의 〈미인도〉, 겸재 정선의 그림 등 국보급 문화재만 해도 10여 점이 넘어.

간송 미술관은 문화재의 보호와 연구를 목적으로 하는 곳이어서, 일 년에 두 번 특별 전시회를 열 때만 관람이 가능해. 가고 싶다면 전시 일정을 잘 확인해 보도록 해.

유대인을 박해한 히틀러와 홀로코스트

세계 대공황이 유럽에까지 영향을 미치면서 독일 경제도 크게 휘청했어. 불안이 계속되자 독일 국민들은 강력한 정부와 지도자를 원했지. 이때 나타난 사람이 바로 독일 민족의 우월함을 주장했던 나치(독일 노동당)와 나치를 이끌었던 히틀러야.

히틀러는 순수 독일인이 아니라는 이유만으로 유대인을 박해했어.

▲ 유대인 학살 장소였던 아우슈비츠 수용소

1939년 히틀러는 제2차 세계 대전을 일으켰고, 나치는 강제 수용소를 만들어 매일 수십 명씩, 800만 명의 유대인을 학살했어. 이러한 유대인 대학살을 '홀로코스트'라고 하는데, 〈쉰들러 리스트〉, 〈인생은 아름다워〉 등의 영화에 잘 나와 있어.

1일 1독해

1일 1독해

1일 1독해

세상을 바꾼
인물 100

③ 의료·봉사

정답과 해설

석가모니

깨달음을 얻어 불교를 세우다

8~9쪽

1 ③ **2** 왕자, 싯다르타, 부처 **3** 불교 **4** 부처

1 2문단에 나오는 내용이에요. 왕족으로 풍족하게 자란 석가모니는 궁궐 밖에 나가 늙고, 병들고, 죽은 사람들을 처음 보고 인생의 고통을 알게 되었어요.

2 석가모니는 왕국의 왕자로 태어났고, 어릴 때 이름은 '싯다르타'였어요. 그리고 수행을 통해 부처가 되었어요.

3 4문단에 나오는 내용이에요. 석가모니의 설법을 듣고 깨달음과 가르침을 따르는 불교가 생겨났다고 했어요.

4 5문단에 나오는 내용이에요. 석가모니는 '자기 자신을 열심히 갈고 닦으면 누구나 부처가 될 수 있다'고 말했어요.

요한 하인리히 페스탈로치

어린이를 인격체로 대하다

10~11쪽

1 ③ **2** ① **3** 어른, 인격체 **4** ③

1 ①, ②는 2문단에 나오는 내용이고, ④는 4문단에 나오는 내용이에요. 3문단에서 페스탈로치는 수업 시간에 교과서를 사용하기보다는 아이들이 관찰한 것이나 궁금한 것들을 중심으로 수업했다고 했어요.

2 2문단에 나오는 내용이에요. 페스탈로치는 더 나은 사회를 만들기 위해서 교육이 중요하다고 믿었어요. 그래도 학교를 만들기도 했어요.

3 3문단에 나오는 내용이에요. 페스탈로치는 어린이는 단순히 작은 어른이 아니며, 자기만의 세계가 있는 인격체라고 생각했어요.

4 '묘비'는 무덤 앞에 세우는 비석이므로, 죽음, 무덤, 유언 등과 가까운 단어예요.

3
일차

허준

모든 의학 지식을 정리하다

12~13쪽

> **1** 도영, 진아　**2** (1) ○ (2) ○ (3) ✕　**3** (순서대로) 25, 15, 1610　**4** ②

1　3문단에 나오는 내용이에요. 허준은 왕세자가 원인 모를 병에 걸리자, 여러 날을 밤 새 가며 치료했어요.

2　의학서는 우리나라에도 있었어요. 4문단에서 허준은 선조의 명으로 당시 조선, 중 국의 의학서를 한데 모아 정리했다고 했어요.

3　《동의보감》은 25권의 분량으로, 15년이 걸려 1610년에 완성되었어요.

4　①, ③, ④는 4문단에서 찾을 수 있어요. 서양의 의학 지식이 실렸다는 내용은 나오 지 않아요.

4
일차

김만덕

제주도 사람들을 구하다

14~15쪽

> **1** (1) ○ (2) ✕ (3) ○　**2** ②　**3** 2, 1, 4, 3　**4** ①

1　김만덕은 조선 정조 때 활약한 상인으로, 제주도에 흉년이 들었을 때 곡식을 사들 여 사람들을 구했어요. 그리고 어릴 적 부모를 잃고 기생이 되기도 했어요.

2　'썩은 흙과 같다'는 것은 '쓸모가 없다'는 말과 뜻이 같아요.

3　김만덕은 어릴 때 부모를 잃고 기생이 되었지만, 상인이 되어 육지와 거래하여 큰돈 을 벌었어요. 그리고 제주도에 흉년이 들었을 때 사람들을 도왔고, 그 상으로 금강 산을 구경했어요.

4　4문단에서 나오는 내용이에요. 정조는 김만덕에게 상을 내리겠다고 했고, 김만덕은 한양의 궁궐 구경과 금강산 유람을 하고 싶다고 말했어요.

5일차   유일한
기업의 이익을 사회에 되돌려 주다

16~17쪽

1 (1) ○ (2) ✕ (3) ○   2 제약 회사 설립, 재산 기부, 가정상비약 개발   3 ③   4 신용

1 1~2문단을 보면 유일한은 아버지의 권유로 미국 유학을 떠났고, 미국에서 식품 사업으로 성공했지만 한국에 돌아와 제약 회사를 만들었어요. 그리고 세금을 성실하게 납부하여 표창을 받았어요.

2 유일한이 했던 일들은 2, 3, 4문단에서 찾을 수 있어요. 과장 광고는 유일한의 회사가 아닌 다른 제약 회사들이 했어요.

3 ①은 2문단에, ②는 3문단에, ④는 4문단에 나오는 내용이에요. 좋은 약을 만든 것은 맞지만 만병통치약이라고 광고하지는 않았어요.

4 4문단에 나오는 내용이에요. 유일한은 '기업의 생명은 신용'이라고 생각했어요.

1주차 ⏰
독해력 완성하기

18~19쪽

1 (순서대로) 고아원과 학교에서 아이들을 가르쳤어요. 의학서 《동의보감》을 완성했어요. 가정상비약 등 의약품을 개발했어요.
2 (1) ㉠, ㉣ (2) ㉡, ㉣ (3) ㉢, ㉣   3 ③   4 ④   5 교육   6 ②   7 ③

1 페스탈로치는 고아원과 학교에서 아이들을 가르친 교육자이고, 허준은 의학서 《동의보감》을 완성했으며, 유일한은 의약품을 개발한 기업가예요.

2 석가모니는 인도의 왕자로 불교를 만들었고, 김만덕은 정조가 내린 상으로 금강산을 유람했어요. 유일한은 미국 유학을 다녀 온 후에 제약 회사를 설립했어요.

3 《동의보감》은 25권으로 되어 있고 병의 치료뿐 아니라 예방법까지 담겨 있어요.

4 김만덕은 조선 시대 상인으로, 제주도에 큰 흉년이 들었을 때 자신의 재산으로 곡식을 사서 사람들을 구했어요.

5 페스탈로치는 더 나은 사회를 만들기 위해서 교육이 중요하다고 믿었어요.

6 5일차 1문단의 내용을 보면, 유일한의 아버지는 아들이 민족을 위해 일하기를 바랐어요. 따라서 밑줄 친 '큰일'은 조국을 위하는 일을 의미해요.

7 지도를 보면 허준 박물관에서 가장 가까운 다리는 가양 대교예요.

플로렌스 나이팅게일

전쟁터에서 간호의 등불을 밝히다

22~23쪽

1 (1) ○ (2) × (3) ○ **2** ② **3** 등불을 든 여인 **4** ①

1 2문단에 크림 전쟁 당시 상황이 나와 있어요. 영국군의 위생 상태는 엉망이었고, 의료진, 의약품, 침대, 이불 등이 모두 부족했어요.

2 2문단에서 나이팅게일은 38명의 간호사들과 함께 전쟁터로 향했다고 했어요.

3 나이팅게일은 밤마다 등불을 들고 병사들의 상태를 살폈어요. 그래서 '등불을 든 여인'이라는 별명도 얻게 되었어요.

4 나이팅게일은 크림 전쟁에서 부상병을 치료하는 것은 물론, 위생 상태를 깨끗이 해서 사망률을 낮췄으며, 의약품도 자신의 돈으로 구입했어요. 하지만 간호사를 교육한 것은 크림 전쟁 이후의 일이에요.

앙리 뒤낭

민간 구호 단체를 만들다

24~25쪽

1 사회사업가, 자원봉사자 **2** ② **3** 민희 **4** 국제 적십자 위원회(적십자)

1 사업가였던 앙리 뒤낭은 솔페리노 전투를 경험하고 나서 사회사업가로 변신하게 되었어요. 그리고 지식과 경험이 풍부한 자원봉사자들을 뽑아 구호 단체를 만들자고 제안했어요.

2 2문단에 나오는 내용이에요. 앙리 뒤낭은 아군과 적군을 가리지 않고 치료했어요.

3 5문단에 나오는 내용이에요. 앙리 뒤낭은 솔페리노 전투에 참여한 후 전쟁, 재난, 병으로 고통받는 사람들을 돌보는 민간단체를 만들어요. 그리고 세계 평화에 기여한 공로를 인정받아 제1회 노벨 평화상을 받았어요.

4 4문단에 나오는 내용이에요. 16개 국가가 만든 단체로, 본부는 스위스 제네바에 있고, 스위스 국기의 색을 표지에 사용하는 단체는 '국제 적십자 위원회'예요.

8 일차

우장춘

우리나라의 먹거리를 키워 내다

26~27쪽

1 ② **2** ① **3** 바나나 **4** 먹거리

1 2문단에 나오는 내용이에요. 한국 정부는 식량 부족 문제를 해결하기 위해 우장춘에게 도움을 청했고, 우장춘은 한국으로 돌아와 농촌의 실정을 관찰하고 문제점을 찾아냈어요.

2 1문단을 보면 씨 없는 수박은 우장춘의 도움으로 일본인이 개발했어요.

3 3, 4문단에 우장춘이 연구한 농작물이 나와 있어요. 바나나를 연구했다는 내용은 나오지 않아요.

4 5문단에 나오는 내용이에요. 우장춘은 우리 민족의 먹거리를 풍부하게 해줬고, 그 덕분에 우리는 쌀밥, 김치, 감귤 등을 즐길 수 있게 되었어요.

9 일차

테레사 수녀

가장 가난한 사람들 편에 서다

28~29쪽

1 ① **2** 사랑, 헌신 **3** (1) ○ (2) ✕ (3) ✕ **4** 사랑의 선교 수녀회

1 테레사 수녀는 환자를 살펴보고, 작은 학교를 열어 아이들을 가르쳤고, 기부금을 모으기도 했어요. 하지만 병원을 지었다는 말은 없어요.

2 테레사 수녀는 어렵고 가난한 사람들을 위해 봉사했는데, '사랑'과 '헌신'의 자세를 엿볼 수 있어요.

3 사랑의 선교 수녀회 소속 수녀들은 개인 물건을 가질 수 없었어요. 테레사 수녀는 '힘없이 죽어 가는 사람', '가난한 사람', '가난한 사람들 중에서도 가장 가난한 사람'들을 위해 헌신했어요.

4 테레사 수녀는 1950년 '사랑의 선교 수녀회'를 만들어 중환자, 죽어 가는 사람들을 돌보았어요.

10 일차 이태석

아프리카 톤즈의 아버지가 되다

30~31쪽

1 톤즈 **2** ③ **3** 진규, 미소 **4** 의사이자 사제, 모든 것이 좋다

1 1문단에 나오는 내용이에요. 이태석은 아프리카 선교 체험 중에 전쟁으로 황폐해진 '톤즈'를 알게 되었어요. 그리고 그곳으로 가 평생을 선교와 의료 봉사를 하며 보냈어요.

2 2문단에 나오는 내용이에요. 한센병 환자들의 발가락이 기형인 경우가 많아서 불편할까 봐 맞춤 신발을 만들어 주었어요.

3 이태석은 톤즈에서 학생들을 가르치고, 음악 밴드를 만들고, 병원과 우물도 지었어요.

4 마지막 문단에 이태석은 의사이자 사제로서 톤즈에서 봉사했고 '모든 것이 좋다'는 유언을 남기고 세상을 떠났다고 나와 있어요.

2 주차 **독해력 완성하기**

32~33쪽

1 (1) ㉠, ㉢ (2) ㉣, ㉤ (3) ㉡, ㉥ **2** (순서대로) 우장춘, 앙리 뒤낭 **3** ② **4** ①
5 ② **6** ④

1 나이팅게일은 크림 전쟁에서 활약한 후 간호 전문학교를 세웠고, 이태석은 아프리카 톤즈에서 한센병 환자를 치료했어요. 또 테레사 수녀는 사랑의 선교 수녀회를 만들어 봉사했고 노벨 평화상을 받았어요.

2 앙리 뒤낭은 민간인 구호 단체를 조직했고, 우장춘은 벼의 수확 횟수를 늘려 우리나라 먹거리를 풍부하게 했어요.

3 나이팅게일은 늦은 밤에도 등불을 들고 부상병들을 보살폈어요. 그래서 '등불을 든 여인'이라는 별명을 얻었어요.

4 '가난뱅이'와 비슷한 말은 빈민, 빈털터리, 가난한 사람 등이 있어요.

5 이태석이 직접 찾아가서 진료했고, 한센병 환자를 위해 맞춤 신발을 만들어 주었다는 내용에서 어려운 사람을 헌신적으로 돌보는 성격임을 짐작할 수 있어요.

6 우장춘에 대한 책으로, 출판사는 메가하우스라는 것을 알 수 있어요. 그리고 우장춘의 직업은 과학자라고 소개하고 있어요.

오드리 헵번

고통받는 아이들의 천사가 되다

36~37쪽

1 ③　**2** 유니세프　**3** (1) ○ (2) ✕ (3) ○　**4** 1, 4, 2, 3

1 3문단을 보면 오드리 헵번은 수단, 에티오피아, 방글라데시 등 50여 곳에서 봉사 활동을 했어요. 그곳에서 영화를 촬영했다는 내용은 나오지 않아요.

2 3문단에서 오드리 헵번이 '유니세프'의 친선 대사로 활동했다는 것을 알 수 있어요.

3 4문단에 나오는 내용이에요. 오드리 헵번은 암 투병 중에도 최선을 다해 사람들에게 호소했어요.

4 오드리 헵번은 영화배우로 활동하다가 은퇴하고, 유니세프 친선 대사로 봉사 활동을 시작하여 소말리아에서 많은 어린이들을 구했어요. 오드리 헵번 인도주의상은 이런 그녀의 활동을 기억하기 위해 생겼어요.

앤드루 카네기

철강왕, 사회에 재산을 기부하다

38~39쪽

1 ④　**2** ①　**3** ③　**4** ②

1 카네기는 가만히 서 있었던 이유를 묻는 어머니에게 "할아버지 손이 제 손보다 훨씬 크니까요."라고 답했어요. 할아버지의 손이 자신의 손보다 커서 더 많은 체리를 받을 수 있기 때문에 기다린 것이에요.

2 카네기는 스코틀랜드에서 가족과 함께 미국으로 이민을 왔어요. 유학을 온 것이 아니라 가난을 벗어나기 위해서였어요.

3 4문단에 나오는 내용이에요. 카네기는 철강 사업을 해서 큰돈을 벌었고, 그 돈으로 도서관을 짓고, 대학을 세우고, 재산을 기부했어요.

4 카네기가 말한 '부자로 죽는 것은 불명예스러운 일이다'의 의미는 부자가 되면 가진 재산을 사회를 위해 많이 써야 한다는 의미예요.

13
일차

앤 설리번

참된 교육을 통해 삶을 변화시키다

40~41쪽

| 1 ③ | 2 (1) ○ (2) ○ (3) ✕ | 3 교육자, 인내심 | 4 물 |

1 2문단에 앤 설리번은 수술을 받아 시력을 회복할 수 있었다고 나와 있어요.

2 3문단에 나오는 내용이에요. 헬렌 켈러는 처음에 앤 설리번에게 아무것도 배우려고 하지 않았어요.

3 앤 설리번은 포기하지 않고 인내심을 가지고 헬렌 켈러를 돌본 교육자였어요. '응석'이나 '이기심'은 앤 설리번과 어울리는 말이 아니에요.

4 4문단에 나오는 내용이에요. 앤 설리번이 수도꼭지의 물을 틀어 헬렌 켈러의 손에 대고 '물'이라는 언어를 가르쳤다고 했어요. '물'은 헬렌 켈러가 처음 배운 언어라고 했어요.

14
일차

알베르트 슈바이처

평생을 의사로 봉사하며 살다

42~43쪽

| 1 봉사 | 2 ① | 3 찬경 | 4 (순서대로) 1913년, 1952년, 1905년 |

1 2문단에서 슈바이처는 봉사를 사명으로 생각하고, 의사가 되어 더 많은 사람들을 돕겠다고 결심하고 있어요.

2 '열악하다'는 '품질이나 능력, 시설 따위가 매우 떨어지고 나쁘다'는 의미로, '나쁘다'와 바꿔 쓸 수 있어요.

3 3~4문단에 나오는 내용이에요. 슈바이처는 기독교의 가르침에 따라 원주민들을 동등한 존재로 대했어요. 그리고 노벨 평화상 상금으로 한센병 환자를 위한 병원을 지었어요. 그리고 지금도 아프리카에 묻혀 있어요.

4 슈바이처는 1905년에 의학 공부를 시작했고, 1913년에 아프리카 랑바레네로 떠났으며, 1952년에 노벨 평화상을 받았어요.

15일차

방정환
어린이날을 만들다

44~45쪽

| 1 사랑의 선물 | 2 수민, 정호 | 3 ① | 4 어린이날 |

1 1문단에 나오는 내용이에요. 방정환은 어린이들에게 주려고 동화책 《사랑의 선물》을 출간했어요.

2 "모든 인간은 평등하고 존중받아야 한다."라는 천도교의 가르침에 따라 방정환은 어린이도 존중받아야 한다고 생각했어요. 그리고 일제의 탄압으로 힘든 아이들에게 꿈을 심어 주기 위해 어린이날을 만들었어요. 하지만 방정환은 기독교의 영향을 받은 것이 아니라 천도교의 영향을 받았어요.

3 '어린이', '어린이날', '색동회'는 모두 방정환이 만든 것들이에요. 하지만 독립신문은 서재필, 윤치호가 만든 우리나라 순 한글 신문이에요.

4 방정환은 어린이를 아끼고 존중하는 마음으로 어린이날을 만들었어요.

3주차 독해력 완성하기

46~47쪽

| 1 ② | 2 사명 | 3 ④ | 4 어린이날 | 5 언어 | 6 ③ |

1 "할아버지 손이 제 손보다 훨씬 크니까요."는 더 많은 체리를 얻기 위한 카네기의 경제 감각이 드러나는 말이에요. 나머지 말들은 다른 사람들을 돕거나 위하는 마음이 담겨 있어요.

2 '사명'은 '맡겨진 임무'라는 의미의 단어예요.

3 할아버지가 체리를 쥐어 줄 때까지 카네기가 기다린 이유는 더 많은 체리를 받기 위해서예요. 이를 통해 카네기가 자신의 이익을 판단하는 경제 감각이 뛰어났음을 알 수 있어요.

4 방정환은 어린이를 아끼고 존중하며, 어린이들이 씩씩하게 자라날 수 있게 하기 위해 어린이날을 만들었어요.

5 헬렌 켈러는 수도꼭지에서 쏟아지는 '물'을 손으로 느끼면서 처음으로 언어를 알게 되었어요.

6 로마에 가고 싶다고 했지, 실제로 로마에 간 것은 아니에요.

16 일차

마리아 몬테소리
놀이로 아이를 가르치다

50~51쪽

1 호기심, 장난감, 놀이   **2** 4, 3, 1, 2   **3** ①, ④   **4** ④

1 몬테소리 교육법은 아이들이 호기심을 가지고 놀이를 하다 보면 지능이 향상된다는 원리에서 시작되었어요.

2 마리아는 로마 정신 병원에서 보조 의사로 일하며 지적 장애 아동을 위한 놀이 교육을 실천했어요. 그 후 빈민을 위한 유치원을 열어 몬테소리 교육법으로 가르쳤고, 노벨 평화상 후보에 올랐어요.

3 마리아는 지적 장애 아동들에게 특수 장난감을 이용한 놀이를 하면서 교육했어요.

4 '산만하다'는 어수선하여 질서나 통일성이 없다는 뜻이에요.

17 일차

노먼 베순
전쟁터에서 생명을 구하다

52~53쪽

1 ②   **2** ④   **3** (1)✕ (2)✕ (3)○   **4** 백구은

1 ①, ③은 2문단에, ④는 글 전체에 나오는 내용이에요. 노먼 베순은 '백구은'이라는 이름으로 불렸지만 중국 사람이 아니라 캐나다 사람이에요.

2 노먼 베순은 제 1차 세계 대전, 스페인 내전, 중일 전쟁에 참여했어요.

3 2문단을 보면 외과 의사로도 크게 성공했음을 알 수 있어요. 그리고 3문단을 보면 가난한 사람들을 위해 의료 제도 개혁에 앞장섰음을 알 수 있어요. 하지만 노먼 베순이 일본에서 활동한 적은 없어요.

4 5문단에 나오는 내용이에요. 노먼 베순은 중국인들에게 '흰 머리의 은혜로운 사람'이라는 뜻의 '백구은'으로 불리며 칭송을 받았어요.

4주

18일차 장기려
환자들을 사랑으로 돌보다

54~55쪽

1 ② **2** ④ **3** 청십자 **4** ④

1 ①, ③은 1문단에, ④는 5문단에 나오는 내용이에요. 2문단에 장기려가 평양 출신으로 6.25 전쟁 때 부산으로 내려왔다고 했어요.

2 3문단을 보면, 장기려는 밤에 몰래 병원 문을 열어 두어 병원비가 없는 가난한 환자들이 나가게 했어요.

3 5문단에 나오는 내용이에요. 장기려는 더 많은 사람들이 골고루 의료 혜택을 누릴 수 있도록 '청십자 운동'을 펼쳤는데, 이것이 국민 건강 보험 제도의 시작이에요.

4 '못 본 척하다'는 여기에서 '남의 잘못을 알고도 모른 체하다'는 뜻의 '눈감다'와 비슷한 의미로 사용되었어요.

19일차 제인 구달
침팬지 연구에 평생을 바치다

56~57쪽

1 침팬지 **2** 진규 **3** 도구 **4** ④

1 제인 구달은 평생 침팬지를 연구한 동물학자임을 알 수 있어요.

2 2문단을 보면 루이스 박사는 제인 구달에게 침팬지를 연구해 볼 것을 제안했어요. 제인 구달은 침팬지들을 자연 속에서 관찰하고 연구했어요.

3 4문단에 나오는 내용이에요. 침팬지가 나뭇가지와 돌멩이를 이용하는 모습을 통해 인간처럼 '도구'를 사용한다는 사실을 알 수 있어요.

4 침팬지는 도구를 사용해서 사냥을 하고, 육식을 하지만 언어를 사용하지는 않아요.

20 일차

예수

기적을 통해 사랑을 전하다

58~59쪽

1 ③　2 ④　3 1, 4, 2, 3　4 위험한, 비어

1 예수의 기적을 믿고 그를 따르는 사람들이 만든 종교는 기독교예요.

2 2~3문단에 나오는 내용이에요. 예수는 물을 포도주로 만들고, 물 위를 걷고, 병자들을 고쳤으며, 죽은 사람을 살려 냈어요. 원수를 사랑하는 것은 예수가 보여 준 기적이 아니라 가르침이에요.

3 예수가 탄생했을 때 동방 박사들이 와서 축하했고, 그가 처음 행한 기적은 물을 포도주로 만든 것이었어요. 예수는 그 후 병자들을 고치는 기적을 행하였고, 나중에 십자가에 못 박히는 형을 선고받았어요.

4 당시 권력자들은 예수를 위험한 존재로 생각해서 음모를 꾸며 죽였어요. 하지만 예수의 무덤은 텅 비어 있었고, 사람들은 그가 부활했다고 믿고 있어요.

4주차　독해력 완성하기

60~61쪽

1 (1) ㉠, ㉤ (2) ㉢, ㉣ (3) ㉡, ㉥　2 육식, 도구　3 예수　4 ②　5 ②　6 ①

1 마리아 몬테소리는 지적 장애 아동을 관찰하다가 몬테소리 교육법을 만들었어요. 노먼 베순은 중국에서 '백구은'으로 불렸고 캐나다 의료 제도를 개혁했어요. 제인 구달은 침팬지를 연구한 동물학자예요.

2 침팬지가 흰개미를 잡아먹는 것에서는 육식을 즐긴다는 사실을, 돌멩이로 견과류를 으깨는 모습에서는 도구를 사용한다는 사실을 알 수 있어요.

3 천사와 동방 박사의 축하를 받으면서 베들레헴의 마구간에서 태어난 아이는 예수예요.

4 '칭송'은 어떤 일을 칭찬하여 하는 말을 의미하고, '모태'는 어떤 일의 시작을 의미해요.

5 '퇴원'의 반대말은 '입원'이에요. 입원은 '환자가 병을 고치기 위하여 일정한 기간 동안 병원에 들어가 머무는 것'을 의미해요.

6 포스터는 몬테소리 교육법으로 아이들을 지도하는 유치원에서 원아를 모집한다는 내용으로, 모집 인원은 6세반 30명이에요.

21
일차

윤동주

부끄럼 없는 삶을 살다

64~65쪽

1 ④ **2** 미영, 강주 **3** 서시, 별 헤는 밤, 또 다른 고향 **4** 《하늘과 바람과 별과 시》

1 3문단을 보면 윤동주는 시를 묶어 시집을 내려고 했지만, 우리말로 된 책을 출판할 수 없었어요.

2 1, 4문단에 나오는 내용이에요. 일제는 우리말 대신 일본말을 사용하게 했어요.

3 3문단에 윤동주가 쓴 시 제목들이 나와 있어요. 〈광야〉는 시인 이육사가 쓴 시의 제목이에요.

4 4문단에 나오는 내용이에요. 윤동주가 죽은 후 친구들은 그의 시들을 모아 《하늘과 바람과 별과 시》라는 시집을 출간했어요.

22
일차

전형필

문화재를 지키고 나라를 지키다

66~67쪽

1 신윤복 그림, 고려청자, 조선백자, 《훈민정음》 해례본 **2** 나라 **3** 3, 4, 1, 2
4 한글 창제의 원리, 10채

1 전형필이 신윤복의 그림, 고려청자, 조선백자를 수집했다는 내용은 3문단에, 《훈민정음》 해례본을 되찾은 이야기는 4문단에 나와요.

2 3문단에 나오는 내용이에요. 전형필은 '우리 문화재를 지키는 것이 곧 나라를 지키는 일'이라는 신념을 가지고 있었어요.

3 전형필은 대학생 때 오세창을 만나 문화유산의 중요성을 깨달아요. 1936년에는 신윤복의 그림을 사들였고, 1938년에 보화각을 세웠어요. 그리고 1942년에 《훈민정음》 해례본을 되찾았어요.

4 한글 창제의 원리가 담긴 《훈민정음》을 전형필은 기와집 10채 값인 1만원에 사들였어요.

23
일차

야누슈 코르차크

고아들의 아버지로 살다

68~69쪽

1 ④ **2** 고아들의 집 **3** ① **4** 아동 권리

1 ①, ②는 3문단에, ③은 2문단에 나오는 내용이에요. 야누슈 코르차크는 가스실까지 고아들과 함께했어요.

2 3문단에 야누슈 코르차크가 만든 고아원의 이름이 나와요.

3 4문단에 나오는 내용이에요. 손 잡고 노래 부르기는 야누슈 코르차크가 겁에 질린 아이들을 다독이기 위한 행동이었어요.

4 4문단에 나오는 내용으로, 유엔 아동 권리 협약에는 아이들이 안전하고 행복하게 살아가기 위해 당연하게 누려야 할 권리들이 담겨 있어요.

24
일차

김수환

한국 최초의 추기경이 되다

70~71쪽

1 ③ **2** 2, 3, 1, 4 **3** ④ **4** 추기경

1 마지막 문단을 보면 김수환은 경찰들이 시위대를 찾아오자 잡아가지 못하게 보호했어요.

2 김수환은 안동 성당에서 사제로 있다가 독일 유학을 떠났고, 한국으로 돌아와 주교로 일하다가 1969년에 추기경에 임명되었어요. 그 후 민주화 운동에 힘썼어요.

3 마지막 문단에 나오는 내용이에요. 경찰들이 시위대를 잡으러 찾아오자 김수환은 '먼저 나를 밟고 지나가라'고 말하며 시위대를 지켜 줬어요.

4 힘들고 소외된 사람들 속에 머물며, 평생 사랑을 실천했던 김수환은 1969년에 한국인 최초로 추기경에 임명되었어요.

25 일차

벤 카슨

샴쌍둥이 분리 수술에 성공하다

1 샴쌍둥이   2 빈민가, 의사, 기독교인   3 ③   4 ④

1 두 사람이 한 몸인 것처럼 붙어서 태어난 쌍둥이를 '샴쌍둥이'라고 해요.

2 빈민가에서 홀어머니, 형과 함께 자란 벤 카슨은 반에서 꼴찌를 했어요. 하지만 어머니의 믿음과 피나는 노력으로 의사가 되었고, 기독교인으로서 성실한 태도를 인정받아 미국인들이 존경하는 인물 6위에 오르기도 했어요.

3 ①은 4문단, ②와 ④는 3문단에 나오는 내용이에요. 벤 카슨은 어릴 때 공부에 관심이 없어서 꼴찌를 하고 주먹질을 하고 다녔다는 내용이 2문단에 나와요.

4 3문단에 나오는 내용이에요. '어머니의 믿음과 피나는 노력 덕분에' 벤 카슨은 공부를 열심히 해서 예일 대학교에 입학했고, 의사가 되었어요.

5주차 # 독해력 완성하기

1 문학   2 (순서대로) 야누슈 코르차크, 김수환
3 (1) 우리말 (2) 문화재 (3) 샴쌍둥이   4 최연소   5 ①   6 성호

1 일제 시대라는 어려운 상황에서도 우리말로 된 고운 시를 쓰면서 문학의 길을 가겠다는 윤동주의 다짐이에요.

2 고아들을 보호하고 가르친 사람은 야누슈 코르차크이고, 해고된 공장 노동자를 돕고 평생 어려운 사람들 곁에 머물렀던 사람은 김수환이에요.

3 윤동주는 우리말로 시를 썼고, 전형필은 일제에 맞서 우리 문화재를 수집했고, 벤 카슨은 세계 최초로 샴쌍둥이 수술에 성공했어요.

4 '어떤 집단에서 가장 어린 나이'라는 의미로 쓰이는 단어는 '최연소'예요.

5 김수환은 힘들고 소외된 사람들 속에 머물며 사랑을 실천한 한국인 최초의 추기경이에요.

6 선생님의 말에서 윤동주는 어두운 현실을 이겨 내고 희망을 간직하기를 바라는 마음을 시에 표현했음을 알 수 있어요.